背表紙の社会学

水無田気流

A Binder of
Sociology
—
Kiriu Minashita

青土社

背表紙の社会学　目次

III 働《はたら》く――学歴、貧困、生きることは地獄なのか

IV 考《かん》える――政治、宗教、哲学との対話

V 暮《く》らす——衣・食・住、恋、家族

VI 仕組《しく》む——この社会をデザインしたもの

IX　逍遥《さまよ》う――アート、空間、あなたと私をつなぐもの

＊「展覧会」評

背表紙の社会学

はじめに、あるいは本を紹介する本を紹介する、ということ

重い言葉、遅い言葉

本の言葉というのは、重い。

書かれた言葉が表現されるかたちにはいろいろあるが、その中でも、本の言葉は最重量だと思う。

内容の深みや重み、という意味ではない。

書かれた言葉が一定のまとまりと骨格を持って立ち上がり、作者から自立して誰かに読まれ、読者に何らかの感情や思考をもたらし、時に頭の中身を一瞬でもジャックするほどの言葉になるまでにかかる時間が、本の言葉に重量を負荷している。

そもそも、話し言葉から始まった人間の言葉は、本来流れゆく浮遊物のようなものである。そこここで話された言葉の大半は、書き取られたり記録装置のようなもので残されない限りは、やがて雲散霧消《うんさんむしょう》していく。

ただ昨今は、ネット上を流れゆく言葉も相応のかたちを持つようになった。ＳＮＳ上などで「いいね」やハッシュタグで共感の数を集めれば、それらは何らかの反逆の狼煙《のろし》にも、ネガティブな感情の暴発にも、アメリカの大統領選挙にも、そして日本のトイレットペーパーの買い占めにも寄与するようになった。

それらは、本来浮遊していた言葉に「力」を与えた。「力」の源泉は、速度である。高速で集散し得ることこそが、ネット上を飛び交う言葉の骨頂《こっちょう》だろう。

一方、本の言葉は遅い。揺籃《ようらん》期を経てようやく立ち上がる子どものように、時間がかかる。もちろん、著者が書くのに相応の時間を要する本もあれば、そうでもない本もある。書き手が対象を捉え、構成を整え、個々の部品を組み上げるように書き上げる種類の本と、一気に一筆《ひとふで》書きのように書き上げられる本では、当然ながら工程の所要時間は異なる。

ただ書かれる速度がどれほど速くても、本の言葉はその成立過程の特性上、どうしても遅い。あえて言えば。時間を吸収した重みの分、流れゆく言葉の大海《たいかい》の底にひとつひとつ沈み込み、時代に突き立っていくように見える。

もちろん、「軽い」本もある。膨大な言葉の波の中にあっけなく灰燼《かいじん》に帰して消失する本もある。だがそれは、本の言葉の根本的な重さとは、本質的には無関係であると思う。

背表紙を読む、ということ

さて、本書のタイトル『背表紙《せびょうし》の社会学』には二つの意味と思いを込めた。

ひとつは、時代の変遷を映し出す鏡としての「本のタイトル＝背表紙」を眺めれば、私たちの暮らす社会が分かる、という意味。

もうひとつは、本の背表紙を美術館の作品群のように回遊《かいゆう》し閲覧することで、本書に所収されたゼロ年代後半からの社会や時代の「気分」が、視覚的に迫って来る楽しみを味わってもらえたらいいな、という意味である。

背表紙に並ぶ本のタイトルは、単なる「ものの名前」以上の意味を内包している。それは、その本が指し示そうとしている世界の入り口であったり、謎解きの鍵であったり、あるいは世界観そのものを凝縮したものであったりするからだ。

そう。一冊一冊の本は、それぞれの世界を内包している。並べて眺めると、改めて壮観である。ほとんどが「今・この世界」を切り取った本であるため、それらは時代の写絵《うつしえ》でもある。それぞれが、その時々の「旬」の本である、とも言える。ということは……、一時代を経れば、全く異なる印象を放つようになるであろう本も多いということでもある。

周知のように、本にはそれぞれ「読まれる＝生きられる」時間がある。ただそれは、気まぐれに変更される時代の「気分」により、忘れ去られたり、急に再評価されたりもする。本自体の面白さや魅力もさることながら、個人的には同じ本が、ある時には熱狂的に評価されたり、その後一気に忘れられたり、評価が一八〇度変わってしまうことも大変に興味深いと思っている。ぜひ一度、「時代によって評価の落差が大きい本」についての本も書いてみたいと、夢想するほどである。

書かれた言葉への夢想

夢想ついでに。

軽く、高速で時代の空気の中を飛び交い、時に集結しては時代の気分を動かしていく言葉を眺めていて思い立った詩を、二〇〇九年から一〇年にかけて、『現代詩手帖』に連載で書いたことがある。せっかく連載で紡《つむ》げるのだから、世界観と設定のある詩を発表してみようと思ったのだ。夢想の中核は、「デバイスとしての言葉」だった。

言葉は今や、かつての本の重量など脱ぎ去り、高速でネット上を飛び交うように見える。パソコンからタブレット、ケータイ、スマホとデバイスが変わり、「飛び交う言葉を捕まえるデバイス」も変化してきた。

そのうちSF映画などでよく描かれるように、言葉その他の情報が宙に浮かび上がるタイプのデバイスが開発されるかもしれない……、これがゼロ起点。

そんな夢想から、さらにそれが進めば、文字だけが浮遊するデバイスそのものとなるかもしれない、と考えた。これが1・0。

そこからさらなる技術革新が行われれば、文字を介さずに脳内の電気信号のようなものだけでつながる社会となるかもしれない。これが、2・0。

それがさらにさらに進めば、やがて書き言葉自体が消失し、人は書き言葉を集団で忘却してしまう時代が来るかもしれない。これが、3・0。

やがて、全てがリセットされて、もう一度ゼロの起点が来る。

消去されきれず残った浮遊する文字デバイスの意味や価値は忘れ去られ、人々は時々空中に浮遊する文字を「イセキ」と呼ぶだけの時代に、書き言葉としての思考は完全に失われていたのだが、時々それに事故で「接続」してしまう人がいて、書き言葉としての思考を知らない人が、書き言葉に触れて化学反応のように言葉が暴発していく……。

という様子を設定した上で、いったんその設定の説明部分を除去して、ただ言葉が反応し明滅する瞬間だけをスナップショットのようにつかまえて書いたのが、連載詩だった。詩集には、並行して書いていた「裏書きとしての説明部分の散文というか半ば小説みたいになってしまったからどうしようこれ」的な名付け困難な文章を所収しようかどうか考えているうちに、いまだ書籍化できず時間だけ経ってしまったのだが。

ともあれ、意識していたのは、書かれた言葉の物質性と重さである。あれから一〇年ほど経って、ますます言葉は軽く、高速になった。だが同時に、伝播しやすい分激流にもなった。ＳＮＳ上の誹謗中傷で、人が死ぬようにもなった。

言葉と感染症、そして本という「ワクチン」

二〇二〇年一〇月現在、新型コロナウィルスの影響は依然世界中に猛威を奮《ふる》っている。感染症と情報の拡散力は相互に大きな関係を持つ。なぜなら、感染症とは個々人の体内だけに止まることができない病だからだ。それは、宿命的に人間の関係性に取り憑き、社会全体を冒していく。

つくづく思う。感染症とは、言葉とコミュニケーションの病でもある。現在も、猜疑心《さいぎしん》や偏見、差別、さらには患者の自己責任を問う言葉たちはネット上に溢れ続けている。

人間の身体は、その視覚も言語を発する端末としても、「媒介物《メディア》」である。そして感染症は、その人間の媒介性を利用して増殖していく。

さて、コミュニケーションのかたちが変われば、人と人との共同性の場であるコミュニティも変わっていく。メディアはこのあり方に多大な影響を与えてきた。

世界規模での感染症は、周知のように第一次世界大戦末期に世界規模での兵士の移動によりもたらされた。「スペイン風邪」の呼称で知られるこの感染症が蔓延《まんえん》した一九一八年から二〇年の情報拡散力を「1」とすると、新型コロナウィルスが流行している二〇二〇年現在、情報拡散力は149万9177倍とまで試算されるという。背景にあるのは、周知のようにインターネットやSNSの普及である。

この状況下、ある意味ウィルス以上に恐ろしいのは、毒された情報の拡散と蔓延であろう。医師のシルビー・ブリアンは、これを「情報のパンデミック＝インフォデミック」と呼び警鐘を鳴らしている。

私はこれらの状況に抗する可能性として、「本の言葉」を考えたい。蔓延しやすい毒に冒された言葉は、人々の感情を吸い上げながら高速で広まっていく。

一方、本の言葉の重さと遅さは、人間の言葉の受容や取捨選択という意味で、インフォデミックに抗する「ワクチン」でもあると思う。

ちょうど、ファストフードに対抗する概念としてスローフードが登場したように、ネット上に氾濫するファストな言葉への対抗軸として、「本の言葉」を再評価すべき時代に来たように思う。遅くて重くて効力を発揮するまで時間がかかるけれども、それゆえ人の頭の中身の防波堤にも、丹念な思考の材料にもなる、本の言葉たち。

偶然にも、本書は人間の身体性・媒介性を意識した構成となった。「視《み》る」「語《かた》る」「働《はたら》く」「考《かんが》える」「暮《く》らす」「仕組《しく》む」「詠《うた》う」「生《い》きる」「逍遥《さまよ》う」。それぞれの様態は、おそらく人の営為のすべてを網羅する「生き延びるための動作」たちであると思う。

他の人々を媒介し、媒介されながら、時代の大波にさらわれず、個々の抵抗の契機を持ち得ること。今更ながら本書を見直すと、紹介された本の数々は、混迷するこの世界の中で、それぞれがささやかながら、生き延びるための灯火を点《とも》しているようにも見える。本書を手に取ったみなさまが、これを手がかりに、さらなる読書の灯火を手にされる一助となれば幸いである。

という訳で。

みなさん、今こそ、本を読みましょう。

I

視《み》る

――身体、監視、有徴性、きれいでかわいいもの

モダン・ライフと戦争

（宜野座菜央見　著）

「女性の美」を読み解くことは、難しい。とりわけ政治や経済と結託したとき、その難易度は跳ね上がるようだ。本書は、一九三〇年代前後の日本映画を、「女優」に着目して論じている。表象される「望ましい女性像」を通し、美と資本主義の関係性を、さらには戦争と平和の共犯関係を丹念に書き出した秀作である。

戦間期、後発近代化国・日本は所与の矛盾に突き当たった。産業合理化や民主化の進展に伴う軋轢《あつれき》や、文化的には西洋化とその反作用としての国粋主義も見られた。だがそれらすべてを、大衆の旺盛な消費欲望が飲み込んでいく。日本の「モダン・ライフ」はこのように鵺《ぬえ》のごとき顔をもち、人々を魅了した。この時期、日本映画は大衆文化の王座にあり、同時代の資本主義を肯定し続けた。それは、戦前から戦争初期の「豊かなモダン・ライフ」礼賛基調も、その後の諦念《ていねん》基調も受容し、大衆の「望ましさ」に応えた。

二〇年代、栗島すみ子は大衆演劇的な女形女性像を楚々《そそ》とした佇《たたず》まいで上書きした。三〇年代には、田中絹代がナショナリズムの高揚を背景に、オリンピック出場を目指す少女を演じた。

原節子は男顔負けに働き恋に破れるワーキング・ウーマンを演じた。いずれも、キーワードは都会の「モダン・ガール」だった。

戦時の文化基調は、一貫して消費抑制基調だったわけではない。むしろ人々の関心は、戦争初期、軍需景気で豊かなモダンライフ享受に向かったのだ。その平和ムードは、「戦死者・障害者を増やし続ける戦争の膨大なコストに対する日本人の批判意識を麻痺《まひ》させた」と筆者は指摘する。だが四〇年代に入り、戦況悪化や経済的逼迫《ひっぱく》から一気にモダン・ガールは批判の対象とされ、今度は高峰秀子らが農村のけなげな少女を好演する。時代ごとに噴出する社会の矛盾を包摂するスター女優の身体。それらが踊る銀幕の、眩《まばゆ》い闇が見えるだろうか。

女子プロレスラーの身体とジェンダー

（合場敬子　著）

女らしさや美の規範。これらは、今なお多くの女性を拘束する見えない鎖である。とりわけ、「強さ」の問題は複雑だ。近代社会は男性には身体的な強さを奨励し、他方で女性の身体性にはむしろ抑圧的に作用してきた。近代スポーツが合理的な暴力性発揮を主として男性だけに許容してきたことは、この証左である。

一方、昨今では女性もまた強くあることが奨励される。だがその実態は、あくまでも社会が容認する範囲に留《とど》められる。女性が身体的強さを高め、そこから逸脱したらどうなるのか。本書はその先端事例として女子プロレスラーを取り上げ、検証している。

一見突飛なこの題材は、この社会で女性が強さを目指す際に生じる軋轢《あつれき》を見事にあぶりだしていく。性的見せ物から始まった女子プロレスだが、それぞれの時期ごとに、女性にとっての強さの意味や価値が示唆される点が興味深い。「女性も強くていいんだ」と開眼した少女たちの、熱いまなざしを思いつつ。

女のからだ

（荻野美穂　著）

妊娠や出産の知識を広める目的で政府が導入を検討したものの、「余計なお世話」と散々な不評をもって終息した「女性手帳」問題が示唆するものは何か。ライフスタイルの押し付けという批判はしごくまっとうだが、医学の観点からすれば加齢とともに妊娠しづらくなることは事実。根底には女性の自由や自己決定権と、産む性としての「からだ」の相剋《そうこく》が横たわっている。本書は、この厄介な問題に真正面から取り組んでいる。

一九六〇年代から七〇年代にかけ、「ウーマン・リブ」の語で広く知られるようになった第二波フェミニズムは、「女の健康運動」と総称される流れを派生させた。それまで男性が大半を占める医学専門家の管理下にあった女のからだを、女たち自身の手に取り戻すことを眼目《がんもく》とした運動である。とりわけ争点となったのは、中絶の是非をめぐる問題だ。リブが産む性である女のからだと中絶の権利にこだわったのは、母性賛美のためではなく、母性を女の「自然」として押し付けようとする社会の「母幻想」への反撃の意図からであった。それらは一定の成果をあげたが、今なお問題は山積している。

筆者は問う。たしかに「女の健康運動」時代に比べれば、今の女性は自由になった。もっとも、からだを美しく飾り立てる情報は溢《あふ》れているが、生殖に関する正しい知識が浸透したとはいえず、摂食障害や自傷のようにからだとの折り合いのつかない女性は増加している。昨今女のからだをめぐる自由や解放の多くは医療テクノロジー依存により成立しているが、それらは市場経済と絡みつねに欲望が煽《あお》り立てられている。生殖技術は代理出産ビジネスを活性化し、サプリメントや美容整形など望ましいからだを追い求める市場も活況だ。何が本当の「女の利益」なのかが見えにくい現在だからこそ、歴史に学び、選択の糧《かて》としてほしい。

聖痕

（筒井康隆　著）

一九七三年、五歳の葉月貴夫は突如襲われ性器を切断される。彼の神々しいまでの美貌《びぼう》に魅入《い》られた変質者による凶行であった。「聖痕」、貴夫は喪失の跡をそう名づけ、やがて自らの存立基盤として受容していく。石油危機の年に開始されたこの喪失譚《たん》は、高度成長という高揚感時代の終焉を示唆する。東京タワーのごとく高く、新幹線のごとく速く。これらの欲望を実現させてきた高い成長率は、たしかにこの年失われた。だが人々の欲望はなおもいきり立ち、拡大し続ける。日本人にとって七三年とは、欲望とそれを可能にしていた条件とが分裂し始めた年であったのだ。

やがて貴夫の美しさは、男女問わず周囲の人間の欲望を喚起し、運命を翻弄《ほんろう》していく。一方、他人の欲望を理解できない貴夫は、芸術表現にすら下等な性欲衝動を感じ、興味を抱かない。自己表現への根源的欲望も欠落しており、唯一純粋な美を感じるのは美食のみ。幼児期の口唇《こうしん》期的快楽が純粋培養されたかたちだろうか。貴夫は、まるで実験動物を観察するように他者の欲望を観察し、淡々とその媒介者となる。その姿は、清らかなメフィストフェレスだ。バブル期も、リーマン・ショック以降もそれは変わらない。唯一衝動的に行動したのは三・一一。ボランティアとして被災地に赴き、偶然、聖痕を刻んだ犯人と再会するが……。

読後感が恐ろしい小説である。あらゆる暴力は予測されたような連鎖を生まず、ことごとく鎮静が訪れる。この明るいニヒリズムは、欲望の沸点が低下した現代社会を象徴するかのようであり、甘美な安楽死への誘《いざな》いにも見える。時代に先んじて性／生への欲望の完全な不在を体現した貴夫は、両性具有ならぬ無性の天使である。末尾に語られたように、私たちは滅びへと向かいつつあるのだろうか。だとすれば、貴夫は人類に遣《つか》わされた神の究極の鎮痛剤かもしれない。

〈ルポ〉かわいい！

（青柳絵梨子 著）

今や国内はもとより、海外にも知られるようになった「かわいい」カルチャー。大正時代に竹久夢二の絵から始まり、中原淳一、内藤ルネ、田村セツコらの少女画により醸成されたこの少女文化の精神は、いかにして現代に受け継がれたのか。

戦時中、時勢にそぐわないと排斥されつつも、かわいいものをこっそり愛《め》でた少女たちの逸話。異性からのまなざしではなく、自分らしさをかわいい価値観の中心に据えた「オリーブ」。口が描かれないことで感情を押し付けず少女たちの気持ちに寄り添うキティ。著者が注目するのは「かわいい」のはらむ権力の無効化だ。少女たちが渇望した、少女たち自身のための美意識。それは、主流文化が少女／女性たちに強いてきた規範的女性らしさを拒否するための武器であり、抵抗運動でもあった。「かわいい」が発動すれば、戦わずして戦いそのものを消し飛ばし、共感の力で互いの個性を協力に導くことも可能となる。その魅力、恐るべし！

キレイならいいのか

（デボラ・L・ロード 著）

アメリカで、足の手術を受ける人の八〇％は女性、その大半はハイヒールが原因だそうである。健康を害してまで、履く必要はない？

そう思った読者諸兄の考えは、きわめて合理的だ。だが、合理的に解決できないのが、女性の「美」の問題である。本書には、これら女性の心身の健康を蝕《むしば》む「美の弊害」が列挙されている。例えば、豊胸手術を受けた人の四〇％は三年以内に合併症を発症する。思春期の女性の六割がダイエット中だが、摂食障害の問題も深刻。とりわけ無食欲症は、精神疾患の中でも死亡率が一～二割と最も高いのだ。

女性は美のためなら死んでもいいのか？　かまわないのかもしれない。実に女性の九割が容姿を自己イメージの重要な要素と考えているのだから。「若い女性の半数は肥満になるよりトラックに轢《ひ》かれるほうがましという」との著者の嘆きは誇張ではない。肥満の人の三分の一は、体重を一割カットできるなら死のリスクをいとわない。かくしてアメリカ人は、年間四〇〇億ドルをダイエットにつぎ込んでいるが、ほとんどが失敗に終わる。いや、失敗を前提とするがゆえに「成長」し続ける産業なのだ。それでも美への執着が止《や》まないのは、女性にとって「美貌は資本」だからだ。実際、結婚や所得などあらゆる側面で容姿による不公平が存在する。しかも、美容整形や修正済みの「美しい」女性像が日々メディアに躍る中、この傾向は苛烈《かれつ》化している。昨今では、二歳の女児に大人顔負けの化粧を施す番組も人気とか。日本も対岸の火事ではない。

著者はフェミニズム法律学の専門家で、元来服装には無頓着。だが、スタンフォード大「女性とジェンダー研究所」所長に就任するや、会合やメディアへの露出のため、広報スタッフたちに手厳しいファッションチェックを受け、へとへとになったという。女性の人生において、「容貌管理」コストはあまりにも重い。だがこの問題を問えば、「野暮《やぼ》」「モテない人間の僻《ひが》み」といったレッテルが貼られる始末。女性の政治参加や社会的地位など公的な不平等以上に、私的な「美」の不平等批判の何と難しいことか。不条理な、あまりに不条理な問題である。

プライドの社会学

（奥井智之 著）

プライドとは、個人的な満足によるものなのだろうか。それとも、社会的な評価を要するものなのだろうか。たとえば、尊敬される地位、高い学歴、美しい容姿……等々は、個人的な資源でありつつも、社会の中で他人にその価値を共有されねば評価されない。自分や自分が属すものへの評価体系。本書はそれをプライド・システムと呼び、一般には心理的な問題とされているプライドを、社会学的に問い直すことを眼目としている。

なるほどプライドとは、誠に魅力的で厄介な代物だ。たとえば、ジェーン・オースティン『高慢と偏見』の、「高慢」の原語はまさに「プライド」。「高慢」ならば悪徳だが、「自負」ならばどうだろうか。むしろ向上心の表れではないのか。この両義性を逆手に取るように、物語のヒロイン、エリザベスの自負は、ダーシーの高慢を凌駕《りょうが》し、ハッピーエンドに至る。

プライドの源泉は一見多様である。家族、地域、階級、容姿、学歴、教養等々。だがそれらは、総じて「わたしたち」意識で結ばれた所属集団＝コミュニティーを基盤とする。それゆえコミュニティーこそがプライドの源泉だと本書は指摘する。昨今の社会状況を鑑《かんが》みれば、家族、地域社会の解体、若年層の非正規雇用化などにより、個人の所属の基盤は多くの面で不安定化している。こうした事態が、個人のプライドの源泉をゆるがせる。

キャリアデザインなどに惹《ひ》かれる若者が真に求めているものも、実は「プライド」のデザインかもしれない。交流サイトなどの流行も、自己のプライドの源泉を他者からの評価に委ねる他ない現実社会の表象であるともいえよう。かつてサルトルは「他人という地獄」を論じたが、現代ではフェイスブックの「いいね！」に数量化された評価が、プライド・システムを補強するのか。なるほど、現代社会を読み解く最重要キーワードはプライドかもしれない。

私たちが、すすんで監視し、監視される、この世界について

（ジグムント・バウマン＋デイヴィッド・ライアン 著）

高速で移動する資本や情報、流動化する雇用のあり方などを踏まえ、現代社会の特性を、液状化する近代（リキッド・モダニティー）と論じたジグムント・バウマン。情報化とともに巧妙さを増す監視社会化の問題を論じたデイヴィット・ライアン。この二人の社会学者による、刺激的な対談書である。原題は「リキッド・サーベイランス」。監視《サーベイランス》が全面的に浸透した現代の社会状況を意味している。

かつて監視者とは、ジョージ・オーウェル『１９８４年』のビッグブラザーのごとき、プライバシーの収奪者とみなされていた。近代化の当初、監視の原理はもっと堅牢でその分目につきやすいものだった。この原理をミシェル・フーコーは「パノプティコン（一望監視システム）」と呼んだが、今やそれははるかに複雑で見えにくいものとなった。本書の眼目は、その見えにくさそのものへの問いである。

今や人々は自ら進んでプライバシーを明け渡す。たとえば注目を集めるため、購入記録を増

やしてクレジットの利用金額を拡大するため、あるいはソーシャルメディア上で心地よい承認を得るために。情報技術の進展により接続過剰が常態となった現代。もはや秘匿に価値はなく、「我見られる、ゆえに我あり」なのだとバウマンは指摘する。

だがそうした社会状況は、人々の連帯に寄与する以上に、新たな斥力《せきりょく》を生み出しているという。資力のない消費者の排除や、セキュリティー・システムに守られた高級住宅地に暮らす富裕層とそれ以外の貧困層の分断のように。監視の浸透は、異なる者同士の相互排除を増進させる。さらに、虹彩《こうさい》や指紋など生体認証システムの普及は、個々人の人間性を介さない選別を可能としていく。今やこうした監視の様態は、社会の存立基盤と化しているのだ。現代社会の問題を開示する、鋭利な切断面のような書。

皮膚

（クラウディア・ベンティーン 著）

自己と世界との境界線を象徴する、皮膚。それは表面でありつつ内面を映す鏡であり、同時に他者との接触面でもある。本書は一八世紀以降の文学、芸術、科学等さまざまな領域を横断しつつ、皮膚のもつ文化的な意味や価値の変遷を丹念に検証する。筆者は述べる。皮膚は遅くとも二〇世紀には、「個」として分断された人間の象徴として用いられるようになった。それは、一八世紀以降の社会変化によりもたらされたものだ、と。なるほど、他者との境界のないところに、近代的な主体や個の生成もない。皮膚は個人の外枠を決定しつつ、自ら知覚する主体性を生起させる。皮膚に投影されるのは、近代化にともなう人間観の変容そのものである。

一八世紀、臨床・解剖医学の始まりとともに、神秘的な領域とされてきた「皮膚の下にあるもの」が可視化されるようになった。この過程で、肉体についての知覚が根本的に変化し、個人の肉体の境界としての皮膚という観念も成立した。それまで単なる視覚的イメージとしてとらえられていた皮膚は、より複雑な意味を重ねられるようになった。

当時、古い皮膚は旧態依然とした人間観の象徴とされた。このため、ゲーテをはじめ近代人の理想像を追求した文学者たちは、「脱皮」し真の自己を獲得することを、人間解放の象徴として描いた。だがそれは、男性にのみ許された救済イメージであった。女性は美しい皮膚（外見）こそに価値があるとされ、内実のない容器であることが称揚された。女の皮膚は仮面。皮膚を脱ぐことは、化《ば》けの皮が剥がれると言うように、おぞましいこととされたのである。

このあり方は、今日変わっただろうか？　今なお、女性が旧来の仮面を捨て去るのは難しい。「ありのままの姿見せるのよ」と涙ながらに『アナと雪の女王』の主題歌を絶唱する女子小学生の集団を眺めつつ、嘆息。

II

語《かた》る

――〈私たち〉をつくってきたのは誰か

女ぎらい

（上野千鶴子　著）

女嫌い。「ミソジニー」の訳語を、あえて表題に選んだ著者は卓見である。この語は一見個人的な嗜好《しこう》性を思わせるが、その実きわめて社会的な言葉だからだ。社会は男性を主たる市民と規定する。だが、男性が男性として成立可能なのは、「女性という他者」との差異化と優越性による。だから「侮蔑《ぶべつ》の対象としての女性」こそが、男性にとって必要なのだと上野は喝破する。ミソジニーは、「ホモフォビア（同性愛嫌悪）」「ホモソーシャル（性的であることを抑圧した男同士の絆《きずな》）」と共に、性別二元制のジェンダー秩序を補強する原理なのである。

ところで、男性にとって最も恐ろしいのは、男性集団内部で「あいつは男じゃない（＝女性化）」とみなされることであろう。それは、男性同士の覇権争いにおける敗北を意味するからである。それゆえ「勝者」たるためには、自らの女性性を切り離さねばならない。だが、そこから逃れられない女性は？「ミソジニーは男女にとって非対称に働く」と上野は論じる。これは男性には「女性蔑視《べっし》」、女性には「自己嫌悪」となる。なるほど鬱《うつ》病、摂食障害、そして自傷行為と、「女性の病」は自己嫌悪に満ちている。まずは目をそらさぬこと、との至言は一読の価値がある。

ただ、あえてぜいたくを述べれば、「近代家父長制度における権力のエロス化」の闇が明晰《めいせき》に解読されるあまり、それ以外の多層な文化的要素が見えにくくなっている点が惜しまれる。たとえば、セジウィックの描いたヴィクトリア朝期のホモソーシャルとホモセクシュアルの分離過程は、儒教精神と衆道文化が混在し、その後近代化と同時に西欧式性愛観を「輸入」した日本とは、元来位相を異にする。また副題に照らせば、ポストモダン状況下における「今日の日本《ニッポン》」のジェンダー秩序の混乱についても、さらに踏み込んだ分析がほしかった。この点は、吉行淳之介や江藤淳では前時代的に過ぎるものであり、宮台真司批判でも若干不足である。だが、これらの些末《さまつ》な点を補って余りある意義と価値をもつ「告発の書」であることは間違いない。

少女と魔法

（須川亜紀子 著）

日本の魔法少女物アニメ番組は、過去四〇年以上にもわたり放映されているという。少女メディア文化において、これは世界的にも稀《まれ》なケースだと筆者は指摘する。西欧では魔女は成人女性の力、美、知の象徴であり、それゆえ恐怖の対象として描かれてきた。たとえ善き魔女が描かれても、『奥様は魔女』のように白人美女が定番。だが、日本のアニメ世界に輸入されたとき、魔女は少女と合体し、可愛らしく活発な「ガールヒーロー」に変身した。筆者は一九六〇年代から近年までの魔法少女物を分析し、女性へ向けられた複雑な要請と眼差《まなざ》しを鮮やかに解析して行く。

六〇年代の『魔法使いサリー』は、あくまでも女性らしさを手放さず乱暴者の男子も静かに諭し、それも無駄であった場合にのみ魔法を行使。最終的には自己犠牲の精神で友人を救う。その姿は、同時代の西欧におけるパワフルな女性の表象とは対照的だ。魔法とは、当初ガールヒーローの過剰な男性化を回避すべく与えられた安全な武器だった。

もっとも、このような優等生的魔法少女像はその後変遷を遂げる。そもそも、成人女性ではなく少女が好まれる背景には、女性の過剰なセクシュアリティが忌避される日本の文化気風がある。セクシーな女性キャラが大抵敵役なのもその証左であろう。だが、八〇年代の『魔法の天使クリィミーマミ』は、女性らしさ規範をめぐる葛藤を経て、異性からの承認に依らない自己肯定へとたどり着く。最終回の「優は優だもん！」の台詞は、少女向けアニメ史上に残る名台詞である。後の社会に訪れる承認欲求の問題に、いち早く取り組んだのは魔法少女たちだったのか。九〇年代の『セーラームーン』や二〇〇〇年代以降の『プリキュア』シリーズに見られる、女性同士の絆と母性の位置づけについての分析も秀逸。強く、可愛く、カッコよく、かくも複雑な欲望を詳解する秀作である。

「ＡＶ女優」の社会学

（鈴木涼美 著）

おそらくＡＶ（アダルトビデオ）ほど、日常的に消費されながらも、あえてその構造や意義を真摯《しんし》に検討されない分野も少ないだろう。その言説の多くは、（主として男性）消費者の性的ファンタジーや好奇心に訴える範疇《はんちゅう》に留《とど》まり、たとえ表象される女性に「語り」の役割が与えられたにしても、それは消費者の望む役割を引き受けたにすぎない……。本書を精読するまで、私はそのように理解していた。そしてその予測は、良い意味で裏切られた。

女性が「体を売る」ということ。一九八三年生まれ・東京文化圏育ちの筆者にとって、このことは日常と地続きの風景だったという。放課後、部活動に勤《いそ》しむように「ブルセラ」に踏み込む同級生を横目に高校生活を送り、ＡＶやキャバクラのスカウトマンの闊歩《かっぽ》する地域で大学生活を送り、やがて彼らとのネットワークをもった筆者は、ＡＶ業界の観察ポイントを確立する。

本書の視角はＡＶ業界を超え、奇妙に現代社会の縮図を描き出す。それは、より「替えの効く」「自己責任を問われる」立場の者の痛覚を突くだろう。とりわけ女性は、これらに加え

「性的対象である」ことが日常に浸透している。いわゆる性の商品化の一言で語られる問題の複雑な澱《おり》がここに綴《つづ》られる。なるほどAV女優とは、これら矛盾の結節点である。出演動機などを語ることによって、当初「AV女優になる」ことを述べた彼女らが、「AV女優である」ことそのものへと転化する。その過程や構図が、本書の中で開示されていく手法は見事。

若干疑問が残ったのは、果たして本書で取り上げられたような語りが、現在のAV市場の主たる需要分野なのかという点である。匿名性が高く、語る機会すら与えられない女優こそが多数派ではないのか。もっとも、それゆえの「語るAV女優」の切実な饒舌《じょうぜつ》さ、と考えれば納得できる。語ることと語り得ぬことの相剋《そうこく》に立つ、異才の書。

『「おネエことば」論』（クレア・マリィ著）

今や、メディアを席巻する「おネエ」な人たち。女装していてもいなくても、みな現実の女性を超えた女性らしさを醸《かも》し、ときにズバッと辛口コメントをするのが定番だ。彼女たちが駆使する最大の武器、それこそが「おネエことば」である。本書は、その魅力と社会背景に迫った秀作だ。おネエことばは単純な女性の物真似《ものまね》ではなく、日本のメディア特有の言語文化だと筆者は分析する。それは日本語表現の性差を基盤に独自のスタイルを確立し、時代とともに変遷を遂げてきた。

たとえば一九五〇年代は美輪明宏の「メケメケ」がヒットし、六〇年代にはピーター（池畑慎之介）が映画『薔薇《ばら》の葬列』の主役に抜擢《ばってき》。七〇年代はおすぎとピーコの双子キャラが「オカマタレント」として人気を集めた。八〇年代は「ニューハーフ」が注目され、九〇年代にはゲイ・ブームが起こり、ドラァグ・クイーンの派手なパフォーマンスも耳目を引くようになった。

さらに〇〇年前後からは、「メイクオーバー・メディア」の浸透が、彼女たちの活躍を後押しした。これはたとえば、ファッションチェックなど生活の中の何かを改変することにより、個人の幸せを高めるノウハウを伝授する手法のことである。なるほどおネエことばは、従来の性差や価値規範を越境する特質を持つ。それゆえ、旧来の価値規範をユーモアにくるみつつ、華麗に撃破するのに最適な言語だ。

さらに〇〇年代は、ネット言語の普及とともに、テレビ番組ではテロップが多用されるなど言語の視覚化がなされ、それにともない言語のパロディー化が進んだ。一方、現実の女性のことば遣いは中性化し、女性性のパロディー化もまた進んだ。社会の中性化と、メディアの女性化ならぬおネエ化の同時進行は、極めて興味深い。この現象は現実の価値規範をどれほど、いやどんだけ〜刷新していくっていうの。いやーン、楽しみ♥

女は笑顔で殴りあう

（瀧波ユカリ＋犬山紙子　著）

カフェやレストランの女子会で、あるいは学校や職場で談笑する女たち。だが笑顔の下では、血みどろの戦争が繰り広げられている……。相手より下に見られたくない、という心理は男女問わず持っている。だが、とかく女同士は複雑だ。「善意」でコーティングされた言葉や態度で、決して自分は悪者になることなく相手を貶《おとし》め、自らの優位性を確保する。本書はこれを「マウンティング」と呼ぶ。本来、動物が自分の優位性を示すための行為だが、これを女同士の共生の作法に見出《みい》だしたのは絶妙な比喩だ。

身につまされるシチュエーションの数々に、爆笑しつつ一抹の寂寥《せきりょう》感《かん》も感じた。私たちは、なぜこんなさもしい行為をせねばならないのだろう。男性ならば、社会的地位や所得など客観的な指標で勝負できる資源が、女性には乏しいというのも一因か。笑顔で殴りあうがごときこの女の性《さが》。殺し合いを避けるための「知恵」であり、「知恵者ゆえの悲劇」との達観に感服。

貴様いつまで女子でいるつもりだ問題
（ジェーン・スー 著）

「女子」の単語がメディアを賑《にぎ》わすようになって久しい。この現象、男性からは冷ややかな視線を送られ、当の女性の間では賛否両論。若さや可愛らしさに固執する女は見苦しいと断罪する同性も多い。だが、著者はあえて語る。女たちよ、汝《なんじ》自らの内なる少女性と和解せよ、と。なぜなら、「私たちは生涯、女子の業を背負って生きていく」しかないのだから。放置すれば、ゴジラのごとき「巨大な女児」と化し、周囲も当人も苦しめかねない!?

繰り出されるのは、テンポの良い説法のジャブ、そしてときにクリーンヒット。四十路《よそじ》を超えて初めて見えてきた物は、自らも無意識のうちに呪縛されてきた「普通」イデオロギーの恐ろしさだ。それらをえぐるように掬《すく》い上げ、場外へかっ飛ばす筆力は爽快。単なる女子論でも、ましてや女の生き方指南書でもないのだが、読み進むうち、笑いながら不思議と背筋が伸びていく。身をゆだねるのが心地いい、音楽のようなエッセー。

「少女小説」の生成

（久米依子 著）

近代日本の「少女小説」。このジャンルの独自性は、日本の近代化と文化表象の特異性を裏書きしている。少女小説が登場したのは、明治三〇年代のこと。その系譜は近年のコバルト文庫に至るまで、百年にもわたる歴史をもつ。だがその内容や領域に一貫性はなく、ときに相反する特性をも包摂する。これは、いわゆる欧米の「家庭小説」などとも一線を画すと筆者は指摘する。

明治後期、いわゆる少女向け読みものとしての少女小説が誕生。だが同時期書かれた田山花袋「少女病」等、青年と若い娘の恋愛小説もまた、少女小説と呼ばれていた。無垢《むく》なる性愛対象という「少女」は、後発近代化国・日本の成人男性にとって、抑圧された自らの自然を回復するための救世主でもあった。このあり方は、その後次第に教育的配慮とは齟齬《そご》をきたす。

近代教育における少女への要請もまた、二転三転を繰り返した。学制公布当初は、欧化思想のもと男女平等志向が伸展するかに見えたが、その後儒教的倫理観の揺り戻しが起こる。教育勅語発布や日清戦争勃発等の社会情勢は富国強兵路線強化へと結びつき、結果的に少年から少女を隔絶し、その価値を低減させるに至った。高等女学校令の公布により「良妻賢母」教育が浸透し、少女性は家の娘規範と同一視されていった。その過程で少女小説から異性愛的要素は排除され、日本独自の耽美《たんび》的な友愛、つまりシスターフッドの世界観が形成された。それは恋愛代替物としてのモチーフから、次第に吉屋信子のごとき独自の美学様式を獲得していった。

なるほど少女小説の百年とは、ジェンダー規範強化と、その美的な逸脱の相克史でもあったのだ。それは宝塚や昨今の「男の娘《こ》」と呼ばれる女装美少年等、異性装の美学へも受け継がれていく。規範と逸脱、周縁性と大衆性の交錯する麗しき輪舞を堪能されたい。

III

働《はたら》く——学歴、貧困、生きることは地獄なのか

古代の女性官僚（伊集院葉子 著）

時代小説やドラマでお馴染《なじ》みの「女官」。絢爛《けんらん》たる宮廷に咲く才色兼備の女性たち……というイメージが先立つが、実像はどのようなものだったのか。本書は、古代の女官（＝女性官僚）たちの選抜から業態、出世、俸給、結婚から引退に至るライフコースを詳解し、日本最古のワーキングウーマンの素顔に迫っていく。

特筆すべきは、女官に代表される古代日本の律令（法体系）の独自性である。日本の律令は唐の法体系を手本に作られたが、女官については彼我でまったく異なっていた。「唐の女官は後宮という隔絶した空間のなかで皇帝の『家』のために奉仕したが、日本の古代女官は、律令によって規定された行政システムの一部」だった、と著者は指摘する。なぜなら、日本では村や共同体から宮廷、さらに国政に至るまで、マツリゴト（政治）に女性が関与してきた歴史は、律令が導入されるより古く、国家システムの基盤を担ってきたからだ。

それゆえ日本の古代女官は、皇帝や国王に属す側妾《そくしょう》候補ではなく、結婚もタブー視されてはいなかった。それどころか、奈良時代には官僚のトップである大臣の妻が女官という夫婦は、ごく普通に見られたという。従来「夫の七光り」で送り込まれたと見られてきた女官だが、むしろ夫の死後目覚ましく出世する妻も目立つことから、古代日本の共働きエリート夫婦は、実力本位の「二人三脚型」だったことも推測される。

日本に去勢した男性官吏である宦官《かんがん》がいなかったのも、もともと男女がともに働いていたため導入する理由がなかったから、と著者は指摘。原則として上位階層の「氏」から一人ずつ、厳しく選抜され出仕した女官たちは、一族の浮沈を一身に背負い懸命に務めたに違いない。日本社会の基底部に根差す女性の役割について、既存のイメージを一つ一つ覆す著者の説明は、精到にして爽快である。

マリー・アントワネット

（石井美樹子　著）

歴史上の著名人とは、煌々《こうこう》とまばゆい闇である。ましてや、滅び去った側の者は歪曲《わいきょく》がまかり通る。文芸作品、映画、そして日本では漫画や宝塚でもお馴染《なじ》みの、フランス革命で処刑されたルイ一六世の王妃、マリー・アントワネットはどうだろう。思い浮かぶのは、お洒落《しゃれ》や仮面舞踏会にうつつを抜かし、浅はかで遊び好き。財政破綻《はたん》に瀕《ひん》していたフランスで庶民の窮乏を理解せず、「パンがなければ、お菓子を食べなさい」と言い放ったという逸話……。

著者は、これら誰もが知っているマリー・アントワネット像を、一つ一つ検証し実像に迫る。焦点となるのは、当時のファッションやメディアと政治の緊密な関係だ。当時、王の身体は、単に生身の肉体であるのみならず、統治する政治体であり、さらに肖像画や彫刻などで表される象徴的な身体でもあった。それゆえ、革命の完遂のためには、その身体を処刑せねばならなかった。ヨーロッパ史上、統治権を持たない王妃が処刑されるのは異例なこと。だがマリー・アントワネットは、かつてフランス王室の「ファッションリーダー」であり、その身体は実に象徴的な意味を持っていた。

たとえば、高く結い上げた「プーフ」と呼ばれる髪形は、大きく膨らませたドレスに合わせ視覚効果を狙ったものだが、瞬く間に流行。その後簡素な「シミーズ・ドレス」を流行《はや》らせ、女性の身体をコルセットから解放するのに成功するが、根底にはルソーの思想「自然に帰れ」の影響があったという。さらに、新古典主義の芸術の育成にも貢献したというから、革命後の文化や気分を先取りしていたのは間違いない。最後まで気高く断頭台についた姿に鑑みれば、醜聞《しゅうぶん》の数々は革命のスケープゴートとして捏造《ねつぞう》されたものとの見解は、信憑性《しんぴょうせい》が高い。時代の空気を作り出したがゆえに、時代にのまれた悲劇の王妃を再評価されたい。

高学歴女子の貧困

（大理奈穂子＋栗田隆子＋大野左紀子＋水月昭道　監修）

周知のように、日本では大学院修了者の就職の間口は狭い。専門にもよるが、一般に人文社会科学系の研究職志望者は、専任教員になれなければ低所得の不安定雇用、研究費も自弁の悲惨な生活が待っている。しかも女性の場合、一般企業でも障壁となる数々の問題が立ちはだかる。本書は、こうした大学院修了女性たちのリアルな窮乏を描いた力作である。大学院は出たものの、万年非常勤講師であった私にとって他人事《ひとごと》ではない。

大学院進学者の女性比率は年々高まっており、現在、大学院博士課程在籍者は女性が三割を占める。だが、専任教員の女性比率は二割に留《とど》まるという。職階が上がるごとに女性比率は低下し、講師三割、准教授二割、そして教授に至っては一割となる。一方、国公私立大学の全教員に占める非常勤講師の割合は女性が男性の二倍以上。本務校のない「専業非常勤講師」も女性に多い。「非常勤講師という職は、大半の男性教員にとっては単なるアルバイトの一部なのに、大半の女性教員にとっては生活をそれ一本で支えなければならない『生業』となっている」という大学業界の現況は、もっと世間一般に知られるべきであろう。

また業績が多いほど専任職に就く者も増加する傾向があるが、それも男性の場合だけであり、女性は業績が多くても非常勤に留まる割合が高いという残酷な事実も……。女性は一般企業でのキャリア形成と同様、学究生活も紆余《うよ》曲折《きょくせつ》を経やすい。学歴中断経験のある者は、女性が男性の倍。背景には、結婚・出産・育児・介護などによる家庭責任の重さが指摘できる。

欲を言えば、この構造上の問題について、筆者たちの個人史を基軸としてより具体的かつ客観的に検証できたはずだ。また学術業界特有の問題と女性労働一般の問題を横断的に検証すれば、さらに深い問題提起となっただろう。この点は、次作に期待したい。

最貧困女子

（鈴木大介 著）

報道番組や評論などでは、しばしば女性の貧困問題が注目を浴びている。「プア充」と呼ばれる、低収入でも楽しく暮らす若者も耳目を引いている。だが本書は、これら貧困論からも零《こぼ》れ落ちる最下層の女性たちの生活実態に迫る力作である。

風俗業の面接も容姿で落とされ、フリーの売春で二児を養うシングルマザー。知的障害を抱えながら路上売春で食べている女性、実母に売春を勧められた経験をもち一七歳で子どもを産んだ風俗嬢……。皮肉にも、身体を売ることができるという事実が、彼女たちの貧困を不可視化している。彼女たちは、低所得に加え「家族の無縁・地域の無縁・制度の無縁」、さらに「精神障害・発達障害・知的障害」により、貧困層からも排斥される。自己責任論が前提とする「自己」がすでに壊されている、との言葉はあまりにも重い。それゆえ、就業でも恋愛でもつまずきやすい。実態にあわせ、福祉制度の網の目を、細かく柔軟に再編すべきだ。一刻も早く。

女性たちの貧困

（NHK「女性の貧困」取材班　著）

女性や子どもの貧困に関する報道や書籍が話題となっている。その端緒を開いたのが、NHKクローズアップ現代「あしたが見えない～深刻化する〝若年女性〟の貧困～」である。本書は、この番組などの書籍化。反響を呼んだ「二〇～六四歳の単身女性の三人に一人が年収一一四万円未満の貧困状態」とのデータが示す現状はあまりに過酷だが、これは今まで「見えない」貧困だった。かねてより専門家の間では女性の貧困が問題視されてきたが、世間一般の見方は今なお異なる。若い女性の華やかな外見や、いずれ結婚し男性の被扶養者となるはず……というイメージと、現実との落差はなかなか埋まらない。想像力の貧困も深刻だ。

登場するケースは、父親の死で母子世帯になり生活が一転した女性や、一〇年近く夫からの深刻なモラルハラスメント（精神的DV）を受け耐えかねて離婚したシングルマザー、多額の奨学金の返済を抱え非正規雇用の職にしか就けずにいる女性……。社会が想定する「安定した家庭生活」からこぼれ落ちる女性は、近年増加の一途を辿《たど》っている。離婚率は上昇し、母子世帯数もまた増加。同時に、女性の非正規雇用比率も上昇し続けている。女性は家族に養われているはずとの前提が崩れているのに、低賃金・低待遇の雇用環境は改善されない。非正規雇用で、年収二〇〇万円未満の収入しか得ていない若年女性（一五〜三四歳）は、全国に二八九万人もいる。このまま座視するのは、この国の未来を見殺しにするに近しい。

わずかなきっかけで「普通の暮らし」から突き落とされる女性たちの現状は、この国の制度や慣行が穴だらけであることの証左だ。本書が指摘するように、女性たちを安価な労働力とだけみなし貧困の中にとじこめる構造を変革しなければ、「超」少子化の解消は不可能だろう。政府が謳《うた》う「女性が輝く社会」以前に、なすべき課題は山積している。

孤立無業(SNEP)

(玄田有史 著)

日本の若年無業者を「ニート」概念を用いて論じた玄田有史が、新たな分析視角を提唱した。ニートが一五歳から三四歳の無業者を指すのに対し、本書が取り上げる「孤立無業(Solitary Non-Employed Persons, SNEP)」は、二〇歳以上五九歳以下の在学中を除く未婚無業者のうち、ふだんずっと一人か、一緒にいる人が家族以外にいない人々を指す。

鍵となるのは孤立。ニートが就労を軸とした概念であったのに対し、孤立無業は他人とのつきあいの有無が眼目である。他人との交際を持たないがゆえに、通常その姿が認識されない人々を可視化する分析概念といえる。私見では、無業者問題を検証するに当たり、孤立無業はニート以上に現実味のある年齢設定だ。いわゆる高齢ニートや、高齢未婚者の孤立問題等を検証する上でも示唆に富む。

二〇一一年現在、六〇歳未満の未婚無業者は二五五・九万人で、その六割以上を占める一六二・三万人が孤立無業だという。一方、ニートは六〇万人、フリーターは一七六万人と近年減少傾向にあるが、彼らは安定した職を得たというより、単に三五歳を超えて統計上の区分から消えただけかもしれない。失業率が低下した時期にも、孤立無業は増加の一途をたどっているという。

さまざまな分析視角から明らかになるのは、いかに孤立状態が、人間から求職動機や就労意欲を奪うかという事実だ。一方、たとえば友人とのつながりは、人脈以上に就労への客観的な助言や「気づき」を与えてくれる、と筆者は指摘する。これは家族のように身近すぎる相手ではかえって難しい役割だ。独り暮らしよりも、家族と同居している孤立無業のほうが、就労意欲が低いとの指摘もある。二〇〇〇年代に入り、誰もが無業者になれば孤立しやすくなるという「孤立の一般化」が広がっている。孤立と無業の根深く緊密な関係を、再認されたい。

「家族」難民

（山田昌弘 著）

「パラサイト・シングル」「婚活」といった流行語を世に送り出し、家族問題を検証してきた筆者による新刊。今回のキーワードは、「難民」と穏やかではない。家族とは「自分を必要とし、大切にしてくれる存在」であり、それは経済的・心理的両面のケアをしてくれる人を意味すると筆者は述べる。それゆえ家族を持てない人や家族の支援が期待できない人の抱える困難は極めて大きい。もはや難民と呼んでいいレベル……というのは、決して誇張ではない。

これまで日本社会は、家族を標準単位として、社会福祉等の制度を整備してきた。だが周知のように、現在「シングル（単身）」つまり配偶者のいない人が急増している。しかも、その多くが積極的に選択した結果というよりも、望んでも結婚できない人である点が問題だ。とりわけ男性は所得水準が家族関連行動に直結するため、低収入の場合は「結婚しにくい」「離婚しやすい」「再婚しにくい」の三重苦となる。この傾向は、一九九〇年代以降顕著となってきている。

シングル化の波は、現在広く日本社会を覆っている。この趨勢《すうせい》に沿って、社会保障制度も早急に家族ではなく個人を単位とすべきだが、その場合家族世帯を営む人からの反発も必至だ。世帯のあり方によって、社会が分断される可能性も危惧される。

家族難民の行き着く先は孤立死だろう。未婚者と孤立死した人の多くが重なっているとすると、今の生涯未婚率（五〇歳時点未婚）では、二五年後に年間二〇万人以上が孤立死すると筆者は推計する。さらに、家族や社会に包摂されない人の増加から、社会不安の高まりも予期される。離別や死別が新たな難民をもたらす可能性も示唆される。鍵は、シングルであっても難民化しない社会づくりとの指摘は、まさにその通り。家族と社会の関係性を問い直すためにも、ぜひ一読されたい。

迫りくる「息子介護」の時代

（平山亮 著）

この国で進行中の超高齢社会は、確実にこれまでの介護の常識を変えるだろう。本書は、主要な介護の担い手とは考えられてこなかった、働き盛りの男性による老親介護に光を当てた。現在、同居の主介護者が「息子」の割合は一二％。過去三〇年で六倍の増加という。昨今は既婚男性であっても、妻も実の親の介護に手一杯などの理由から、自身が介護を担う場合が増えている。

社会心理学が専門の筆者は、介護する息子たちの聞き取り調査を軸に、彼らの心理状態や、家族・地域・職場などの人間関係を省察。今まで「ブラックホール」であった息子介護の実態や、複雑な男心が浮き彫りになっていく。まだまだ少数派である彼らと、職場の男性たちとの温度差は胸が痛い。介護専従のための制度よりも、介護しながら今まで通り仕事ができる制度を、との声も切実だ。生涯未婚率急上昇中の昨今、今後も増加の見込まれる「息子介護」という現実を見据えるため、ぜひご参照されたい。

養護教諭の社会学

（すぎむらなおみ 著）

「保健の先生」として知られる養護教諭。誰もが学校でお世話になる身近な存在だが、その職務は複雑な課題を抱えている。もともとは二〇世紀初頭、感染症予防など児童生徒の健康面を支えるため、「学校看護婦」「学校衛生婦」などとして導入された専門職。当初は学校や自治体で呼び名や職務内容もまちまちであり、何より教育現場の主流の座を占める学校文化の中で、常に周辺的な立場に置かれてきた。それゆえ従事者たちは、さまざまな葛藤に苦しみ、教員と同等の立場を要請する「職制運動」を経て、ようやく現在の姿となった。だが、その葛藤は今なお解消していないどころか、むしろ深刻化している側面すらある。

筆者は養護教諭として勤務しつつ大学院で学び、養護教員の抱える葛藤を検証し、一つの結論を出す。それは、養護教諭は「移民」だ、というものである。なるほど、他の専門領域から「移住」してきたマイノリティーであるがゆえの葛藤は、主流文化への「同化」を要請されつつ排除される移民の姿に通じる。養護教諭の圧倒的多数が女性であることから、ジェンダー格差の問題も根強い。筆者も指摘するように、六〇年代に養護教諭たち自身が発した「（私たちは）学校のお嫁さん」との発言は的を射ている。他家から嫁いできたよそ者である嫁は、婚家のしきたりへの同化を要請されつつ、家族のケアに従事する。それは、学校文化に従順でありつつ、子どもたちの心身のケアに勤《いそ》しみ「学校のオアシス」を提供すべし、との養護教諭への期待と酷似している。

一方で、子どもたちの身体や心という生きた現実への対処は、「周辺」に甘んじていては間に合わない。怠学《たいがく》や保健室登校など、問題行動が見られる児童生徒たちの中には、家庭環境をはじめ私生活に深刻な問題を抱える者も少なくない。とりわけ闇が深いのは、性被害の問題である。養護教諭たちへの聞き取り調査から明らかになるのは、現代の性関係の歪《ゆが》んだ側面だ。望まない妊娠、援助交際、近親相姦《そうかん》、当の学校教員による性暴力など、多種多様な闇が広がる。子どもたちの心身と向き合う養護教諭の声は、今以上に学校教育の場に活《い》かされる必要がある。

昨今はダイバーシティー（多様性）や女性活用が称揚されているが、こんな身近な女性専門職すら包摂し得ていない、この国の組織の偏狭さについて改めて考えた。次はより平易な解説書を期待したい。教育とは、子どもたちが自らの力で幸福になる方途をつかみとるための導きであってほしい。自らの心身と向き合う力を身につけることは、教科学習と同等かそれ以上に重要だ。必要とする読者が、必ずいる分野である。

オカザキ・ジャーナル／レアリティーズ

（岡崎京子 著）

河川敷で殺害された中学生のやりきれないニュースを聞き、岡崎京子の『リバーズ・エッジ』（一九九四年）を思った。表層と内実のずれ、一見平穏な日常に潜む過酷な現実……それらを、岡崎はウィリアム・ギブスンの詩の一節を引き、「平坦《へいたん》な戦場」と呼んだ。あれから約二〇年経ち、漫画の中で放置されていた隠喩のような死体は、現実の中学生の悪夢となった。九六年、日本社会にいよいよバブル後の低迷感が浸透した時期に事故で活動を休止した岡崎は、今の日本をどのようにながめているのだろうか……。

この二冊は、「戦場」に至る岡崎の、貴重な道程である。『オカザキ・ジャーナル』は、九一年から九二年までのエッセー、ならびに宗教人類学者・植島啓司との刺激的な化学反応を見せる往復通信を収録。八〇年代を「〃解体と終焉《しゅうえん》、それに対する期待と待機〃の時代」と呼び、『平成』と『九〇年代』という解体と終焉にさえ見はなされた時代にどっこいそれでも私たちは生きています」と語る。鍵は「どっこいそれでも」にあり、と。海の向こうの戦争と、日常のピンチ、資本主義やメディア、旅行や買い物を並置していく岡崎の言葉。時代固有のものたちが、やがて時代を穿《うが》ち、突き立ってくる。

『レアリティーズ』は、初期の未完成作品など、荒削りだがその分奇妙に鋭く時代をスライスしていく作品集。切られてちぎれて跳ねていくのは、性、愛、音楽、映画、文学、暴力……色とりどり。インディーズバンドのデモテープのように低密度な絵柄から繰り出される現実への接近戦は、軽くて薄くてせつなくて、でも爆発力は十分。女の子たちの堕落の果てに待つ有終の美を、せつなく魅惑的に、そして残酷に描く視点は、ずっと通底していたのだと確信する。やがて結実した「岡崎京子」を知る人も知らない人も、この時代を射貫く空気感の塊《かたまり》に触れてほしい。

感情労働としての介護労働

（吉田輝美　著）

「超」高齢化の進行する日本で、介護職の担い手確保は焦眉《しょうび》の急である。その一方、介護職の離職率は二割程度と他の職業と比較して非常に高い。理由としては、低賃金や社会的地位の低さなどが指摘されるが、それ以外にも根本的な問題が横たわる。この仕事の「感情労働」としての側面への認識不足である。

感情労働とは、従来の肉体労働や頭脳労働に対し、自己の感情管理によって他者の感情に働きかける仕事といえる。この目に見えない感情作業は、これまで賃金を得るための労働とはみなされてこなかった。代表的なものが、家事労働である。家庭という私的な場で、心からの笑顔を見せ、家族に対し疲れた顔を見せないこと……。周知のように、これは主として女性に期待される労働である。

家事労働から社会分業化したものが保育士や看護師、さらに介護などケアワーク全般といえる。これら「女性向き」とされる職業は、高度な感情労働が必要とされるが、報酬も評価も高くはない。背景には、女性ならば誰もが自然に高い感情管理能力が備わっていてしかるべき、との社会通念があるからだ。この無理解こそが、感情労働従事者の高いストレスの源泉である。

本書の調査によれば、実に介護労働者たちの九割が、利用者とのかかわりの中でストレスを感じているという。暴言など否定的発言により傷つき、ストレスを溜《た》め、やがて無力感から「バーンアウト（燃え尽き）」して離職に至ることを防ぐためには、深層の感情が傷つかないよう高度な感情管理技術が必要だ。さらに、保育士や看護師と異なり、介護職には終期が見えない。それゆえ、他のケアワーク以上にこの技術が必要との指摘は重要である。著者の述べる「人を幸せにする職業に従事する者が、その仕事を通してみずからの幸せを体験できない」不条理が、正されることを切望する。

大脱出

（アンガス・ディートン 著）

風変わりな表題は、一九六三年公開の映画『大脱走』（The Great Escape）にちなんだもの。第二次大戦下、ドイツ軍の捕虜となった英米兵士たちが収容所地下にトンネルを掘り、脱走を図る物語だ。結末は、運よく逃げおおせたらしき一握りの兵士以上に、再び囚《とら》われ非業の死を迎える大多数の兵士たちに焦点があたる。世界では、「貧困と死」からの脱走をめぐり、この映画のような物語が進行していると著者は指摘する。「脱出した者のあとには取り残される者がいて、運は全員に平等に与えられるわけではない」。この世界の繁栄と進歩は脱走の機会を生み出したが、それをつかむための備えはすべての人々に平等に与えられるわけではないのだ、と。

たしかに近代化以前に比べ、世界は物質的には豊かになった。人々の健康状態も改善した。平均寿命は延び、乳幼児死亡率は低下。医療技術の飛躍的な向上で、疫病や疾病の脅威も小さくなった。だが一方、格差の問題は厳然と横たわっている。それは経済的格差のみならず、「健康格差」の問題として、多くの人々を苦しめ続けている。著者はこれを「進歩と格差の間の終わりなきダンス」と呼ぶ。

人類が、この脱走劇へと雪崩《なだれ》を打って参加しだしたのは二五〇年ほど前からのこと。産業革命の号砲が鳴り響いた後の祝祭と悲劇は、その後の人類史に延々と刻まれている。著者は、たとえ成功する者が稀少《きしょう》であったとしても、脱走の魅力が薄れるわけではない点も指摘。格差の問題を単に批判するのでも、経済成長を全面的に肯定するのでもない。その構造や世界への影響力を、富と健康をキーワードに丹念に読み解いてゆく。

「脱走」の機会は平等に訪れるわけではなく、むしろ近年拡大傾向にある。富裕国と貧困国の大きな差は成長度合いのばらつきにあり、後者の間では前者に比べ格差が大きい。たとえば、中国、マレーシア、シンガポール等では一九六〇年から二〇一〇年の間に平均所得を七倍まで増やせるほどの成長率を見せた。だが、中央アフリカ、ギニア、ハイチ等では、二〇一〇年の方が半世紀前より貧しくなっている。ＨＩＶ／エイズの蔓延《まんえん》したアフリカ諸地域では、近年平均余命も短くなった。飢饉《ききん》や紛争も依然世界から消えてはいない。

これらは一部の不運な国々の、特殊な事例なのだろうか。映画『大脱走』が見せた一時の解放感同様、現在の世界の豊かさも一時的な救済にすぎないのかもしれない。新たな脱出は新たな格差を生む可能性もある。「それでも、そのような失敗もいずれは克服されると私は信じている。私たちは、過去にもそうしてきたのだから」との著者の言葉を、胸に刻みつつ。

緋の河

（桜木紫乃 著）

今やバラエティー番組では見ない日のない「おネエタレント」のパイオニア、カルーセル麻紀の半生をモチーフにした小説。だが、こんな風に概要を語ると、途端にやぼに思えてしまう。

釧路で生まれた美しい少年・秀男は、幼いころから女言葉で、貧しい暮らしの中、きれいな娼妓《しょうぎ》に憧れを抱く。「(女の) なりかけ」といじめられた子ども時代を経て、ゲイボーイになるため一五歳で家出し札幌で修業。いったんは連れ戻されるも、その後は、東京、鎌倉、大阪と、店を変え文字通り「ステージ」のランクを上げ、そのたびに進化を遂げる。

冒頭、秀男は娼妓の華代に女になりたいと語り、たしなめられる。美しい女などこの世にいないのだから「この世にないものにおなりよ」と。この言葉が物語の中核を貫き、秀男は性別を超えた美しい何者かへと「変身」を遂げていく。

一方、「普通」の世界を象徴するように厳格な父や、父の写し絵のような兄の姿が好対照だ。家の中では常に不機嫌。妻は子どもたちに自分への気遣いを暗黙の内に要請する彼らが、夜の街に来ると途端に「上機嫌な客」になる不思議。「化け物」とさげすまされる秀男たちよりも、どこにでもいる「不機嫌な父」たちの醜悪さが際立つ。

ふと、テレビの世界を性の越境者たちが席巻する理由を思う。まばゆいまでに現実を超えた世界を提供するため、命がけの彼女たちは、テレビの虚構を現実へと接続するシャーマンにも見える。大阪で「カーニバル真子」となった秀男も、その引力に引かれるようにメディアに露出していく。

全編を通じ、性のねじれ、本物と偽物の交錯、その落差に苦しむ人たちが登場する点も魅力的。ゲイバーの先輩・マヤが自らを「神の仕上げ間違い」と語る場面は象徴的だ。「だから、神様を許すのがあたしらの生きる道」なのだと。救いは、秀男の迷いのなさ。「本物の自分」を求めた、純度の高い冒険譚《たん》である。

IV

考《かんが》える

――政治、宗教、哲学との対話

ジェンダーと「自由」（三浦玲一＋早坂静 編著）

このところフェミニズムは不人気である。それは皮肉にも、男女平等意識がある程度浸透したことにもよる。一方、当の女性たちはすでに「自由」を掌中《しょうちゅう》にしたのだろうか。この素朴な問いへの解答は、困難かつ見えづらい。最大の要因は、近年自由の難易度が急上昇したことによる。

私たちは、自由をめぐる文化的内戦時代を生きているのだ。それは、性差別を他のマイノリティーへの配慮とともに相対化し、希釈していく。政治的自由を求めた第一波や、社会運動の側面を持ち得た第二波に比べ、第三波以降のフェミニズムは、領域も「敵」もあまりに不透明。鍵は自由と多様性にある。

とりわけ興味深かったのは、編著者・三浦玲一のポストフェミニズムへの目配りである。もはやあえて問われることもなくなるほど浸透した新自由主義だが、それゆえ現在個人、とりわけ女性は、苛烈《かれつ》なまでに自由の名のもとに自己管理を要請されている。この社会はすでに男女平等が達成されたとの前提に立ち、個人主義的に自己を自由に表現・定義することを女性に求める。そこではライフスタイルや消費の自由な選択が称揚され、女性個人による身体の自己管理と、「私探し」が流行していく。かつて性差は抑圧の装置であったが、現在は女性自身の欲望を発露するツールとされ、巧妙に女性を絡め取る。三浦はＡＫＢやプリキュアまで駆使し、この現代的様相を鮮やかに説明している。

第三部クィア・スタディーズに寄せられた論考も興味深い。かつて同性愛者排除は、近代家族を単位とする近代社会の成立に不可欠の要素であった。だが昨今はセクシュアル・アイデンティティーの多様性が論じられ、新たな消費市場概念としても再定義されつつある。だがこの拡散とゆらぎは、果たして差別解消に寄与するのか。再考すべき問いかけに満ちた、刺激的な論集である。

検索バカ

（藤原智美 著）

最近、若者を中心に、深刻な健忘症患者が見られるようになったという。とくに器質的な問題があるわけでもないのに、日常生活に支障をきたすレベルで、激しい物忘れが起きるとのこと。背景には、何でも検索で済ませ、独力で思考する機会が減ったことがあげられるという。

本書を読んでいて、ふと、そんな話を思い出した。挑発的でユーモラスなこのタイトルは、情報社会の負の側面を、よく表している。思考よりも検索と「コピペ」で事足りる日常。それでいいのか⁉　と自問する作者の姿は、まったく他人事ではない。

そう。私たちの生活から、確実に思考のプロセスが削られていっている。「結論」以外は、いっさい不要という趨勢は、その断片を生きることが日常となっている。この状況では、思考力は衰えて当然かもしれない。

一方、思考に代わって私たちの生活を席巻しているのが、「クウキを読め」という同調圧力である。読めなければ、すぐさま「村八分」の息苦しさ。それが、ネット社会のスピードに乗って、日々拡大再生産されていっている。

殊に日本では、もともと個人の思考よりも、「世間」に日常生活の基盤が置かれていた。それが解体した結果、「クウキ」が世間に取って代わった、と筆者は指摘する。言い換えれば、コミュニティなど中間集団の解体が、人々の孤立化と不安を煽っているということでもある。不安な人々はどうするか？　より大勢から外れることを恐れ、より検索し、より迎合し、より「クウキを読む」。その結果、「検索バカ」がねずみ算式に増えていく……。

本書は「クウキ読みの日常」を打破し、自分で考えることの重要性を訴える。言葉は単なるコミュニケーションの道具以上のものである、と。「言葉の力などありません。あるのは力のある言葉です」。冒頭の言葉は力強く、清々《すがすが》しい。

三島由紀夫とフーコー〈不在〉の思考

（丹生谷貴志 著）

フーコーと三島由紀夫。二人の共通項とは何か。いや、丹生谷の指摘に耳を傾けるならば、この問いを掲げること自体、忌避されるべきであろう。だが、敢えて述べておきたい。読者に迫るのは、両者の奇妙なまでに共通した「単独者」性、「名づけ得ぬもの」への誠実、さらには時代の「受苦」である。両者はともに、時代の受苦《パッシオ》を情熱《パッシオ》として思索した。その行為は、言葉の「罠－システム」をも暴露する。フーコーによれば、それは言葉が「いつの日か〈言葉〉を超えた言葉に回収される」という欲望により自らを「言葉として」強化することであり、三島においては、言葉についての「律儀な愚かしさ」として開示される。

　ところでフーコーのこの視角は、社会理論として読まれる際、「生－権力《バイオパワー》」の批判的検討というかたちをとるのが一般的である。近代化以前、国家は主として人々を処刑する権力＝「殺す権力」をもっていた。だが近代以降の「生－権力《バイオパワー》」は、人々をいかにして（権力に都合のよいかたちで）生かしておくのかを決定する権力＝「生かす権力」である。フーコーが「権力者『不在』の権力関係」という切断面から示したものは、「生命によって総体的に規定され、その維持と管理に専心する政治」の構造解明であった。これは「人口・身体・生命」の国家的「管理」という様相を呈し、「福祉国家システム」を完成させた（その意味で、ナチズムの推進した優生学は、福祉国家システムと地続きなのである）。

さて、「フーコー以降」の思索者たちは、「生－権力《バイオパワー》」の議論を引き継ぎこう述べる。産業資本主義の「成立」とともに、労働市場で「競争力」をもたない精神病者ら「弱者」は、社会の周縁へと苛烈に追い立てられることとなったのである、と。ここから、「弱者」の権利を拡張《エンパワーメント》すべしという所与の「運動」は理論的根拠を得るにいたった。

だが、丹生谷は言う。それは、フーコーにとって本質的な問題ではないのである。問いの中核――「歴史」「制度」が「狂気」「病」「犯罪」「性的倒錯」等の名目で排除し監禁し矯正しようとしてきたものは本当は何であったのか？　丹生谷はこれを、「私たちの自由」＝「単独者」性である、と述べる。「単独者」性、これは「私たちの自由」の存在容態の「本性」である――丹生谷はこれに「幽霊性」という名前を与える。

翻って「単独者」性の問題は哲学史をつらぬく課題であり、それはつねに不可視であり、「名づけ得ない」。『存在と時間』を書き終えた直後のフライブルク講義で、ハイデガーは繰り返し問う。「相互共同存在」でありつつ、「単独者」であるとは何か、と。しかしその問いは「結論」を見ないまま、ハイデガーは転回《ケーレ》する。ハイデガーにとって「問い」であったもの、それはフーコー、および三島にとっては「受苦」であったのだ。本書は、そのことを美学的位相から再確認させてくれる。

象徴の貧困1　ハイパーインダストリアル時代

（ベルナール・スティグレール　著）

子どもを産む少し前の夏のこと。電車内で本書を読みながら、ふと耳にした「ディズニーランドに行きたい」「アイスが食べたい」等、欲望だらけの女子高生たちの会話。ふと見ると、その会話は、すべて電車の吊り広告を正確にトレースしているのである。背筋が寒くなった。かつてハイデガーが論じた、テクノロジーの全面化した社会。今日、その様態は苛烈《かれつ》化し、人間の感性や欲望の全体を覆いつくしている。この事態を「マーケティングによる感性の条件付け」への屈服だと筆者は述べる。市場では、自分らしさ消費の欲望は、巧妙にニーズとして分析され宣伝される。その結果、かえって個々の人々の画一化が促進されてしまう。

「象徴の貧困という言葉で私が意味するのは、シンボル（象徴）の生産に参加できなくなったことに由来する個体化の衰退」だと著者は論じる。意味や価値すらも市場的な文脈に変換され、自己が外部記憶装置に保存された、一個の「消費者」に変換されてしまう、現代社会の貧しさ。

そんなことを考えながら帰宅したら、出産育児関連商品の大量のＤＭが、郵便受けから転がり落ちてきた……。

ハンナ・アレント〈世界への愛〉（中山元 著）

先ごろマルガレーテ・フォン・トロッタ監督による映画も公開され、再評価の進むハンナ・アレント。政治哲学者として、またユダヤ人として、全体主義との数奇な格闘を余儀なくされたアレントの思想が、丹念に詳解されていく。

アレントの主著『人間の条件』のタイトルは、当初『世界への愛（アモールムンディ）』とする予定だったという。この逸話を軸に、「世界」と「愛」についての思想が展開する。アレントの世界概念は、歴史性、持続性、他者性の三つの特徴をもつが、それらは「天としての世界の歴史」「地としての大地の持続」「装う者としての他者」にそれぞれ対応させられないか、と筆者は論じる。それらはちょうど、因縁の師・ハイデガーが世界の四元と呼んだもの――天、地、死すべきもの、永遠なるもの――と鮮やかに対照する。ハイデガーにおける他者との関係性を象徴する概念は「頽落《たいらく》」であり、大衆社会に埋没するひとの様態である。

一方、アレントは他者へと向かう能動的なかかわりを基点として世界を立ち上げる。愛の内包する矛盾とは、世界や他者とのかかわりにおいて宿命的に表れる問題でもある。西欧思想史

における この問題を指摘しつつ、それでもなお、「世界は他者とともに作るもの」だという姿勢。それは、ハイデガーがアレントと袂《たもと》を分かって後、何度か言及しつつも確証し得なかった、単独性の難問を解く鍵のようにも見える。

アレントは言う。単独性は孤独、孤立、孤絶の三様を持つ。孤独とは孤立ではなく、自分自身とともにあるということ。思考のために孤独は必要だ。一方、孤立とは大衆の中にあって孤独の契機さえ奪われていること。さらに仕事をしているとき、人間は孤絶の状態にあり、自分自身と向かい合うことすらできない、と。透徹した孤独と、世界への愛。両者が引き合う場を開く、大著である。

哲学散歩

（木田元 著）

今夏亡くなった哲学者によるエッセー。古代ギリシャから二〇世紀にいたる哲学者たちの逸話が飄々《ひょうひょう》と綴《つづ》られ、そこから思想の解説へとすんなり繋《つな》がる筆力は見事。

たとえば、アリストテレスは同時代の人々からの評価は芳しくなかった。曰《いわ》く、体格は貧相で、人を小馬鹿にしたような顔立ち。服装も髪形も凝り過ぎで、指輪をいくつもつけて自慢していた。極めつきの悪評は、プラトンに対する「忘恩の徒」呼ばわり。だが著者は、「いつもニコニコしている人柄のいい思想家」が、世界を転覆させるような思想を提起することの方がありそうもないのでは、と擁護。もっともアリストテレス自身も、プラトンへの辛辣《しんらつ》な批判が反発を招くことは覚悟していたようだ。真理のためには師にも背くとの真摯《しんし》な姿勢は、敵も多かったに違いない。

ショーペンハウアーは、人気作家だった母とは不仲で喧嘩《けんか》が絶えず、友人のゲーテもろとも母に階段から突き落とされたこともあった。その生い立ちのせいか、彼は大の女嫌い。自室の前で大声で話していた老女に腹を立て、階段の下まで突き落として怪我《けが》をさせ、彼女が死ぬまで毎月慰謝料を払わせられた。彼女が死んだときには、重荷からの解放を喜んだ……とは、解脱としての倫理学を探求しつつも、厭世《えんせい》に彩られた人生を象徴するかのようだ。

強烈な個性と印象深い逸話の数々は、哲学者たちの生きた時代や人となり、さらに息遣いすら感じさせる。頁《ページ》をめくると目に浮かぶのは、白いキトンに身を包みエジプトを周遊しイデア論を構想するプラトン。エトナ火山に身を投じて青銅のサンダルを残したエンペドクレス。ダヴォスのセミナーでカッシーラーと哲学史に残る世紀の対決を演じつつ、晩餐《ばんさん》会場にはあえてスキー服のまま入り、盛装した紳士淑女の間を練り歩いたハイデガー……。歩調を合わせ、読み進めたい。

世界内政のニュース

（ウルリッヒ・ベック 著）

『危険社会』で、現代社会の特性を、富と同時にリスクも大量に生み出す社会と論じ注目を集めた社会学者による、同時代の観測記録。新聞掲載コラムを中心に、近年の多層な世界の切断面が躍る。「世界内政」とは、政治理論や規範的な哲学の構想ではなく、今なお強固な国民国家の境界線を越境する「あるがままの現実」と、著者は述べる。それは、グローバル化の名の下に一括《ひとくく》りにされる抽象的な視点からではなく、「下からのモグラのような視点で発見され解明されなくてはならない」と。

切り抜かれていくのは、グローバル化と貧困問題、欧州の政情、エコロジーやエネルギー問題の指し示す課題……。マツタケの輸入から国境を超えた代理母や臓器売買にいたる生命の部品化まで、私たちは「外部」なき世界に生きているのだ。「互いの距離は益々《ますます》小さくなり、互いの無理解が益々大きくなる」時代のただ中で、危機と可能性の双方に目配りする、賢人の視線に同期してほしい。

自然主義と宗教の間

（ユルゲン・ハーバーマス 著）

本書を読み進める最中、パリの新聞社襲撃事件の悲報を聞いた。悲劇の根幹には、宗教共同体的な「善」と、民主主義国家の「正義」との深い亀裂が横たわっているのを再認した。近代国民国家の輝かしき表通りの地下には、あらかじめ宿命づけられた暗渠《あんきょ》が広がっている。それは、文明史とともに古く、強固な根をもつ。

今日の世界では、行き過ぎた科学主義による「自然主義」が流布していると、著者は述べる。たとえば、生物発生学や脳研究は自然を客観化し「世界像」へと変え、人間自身をも操作可能な道具と見立てる。他方、宗教共同体は宗教意識を再活性化させ、政治化していく。人工中絶や同性愛への態度は、信仰の問題からしばしば政治的争点となる。これらは西洋近代の「ポスト形而上学《けいじじょうがく》」的な思考枠組みへの批判であり、合理化によりもたらされた「世俗化」に対する反発でもある。

近代化が内包する啓蒙《けいもう》のプロジェクトを考察したフランクフルト学派の矜持《きょうじ》として、著者は自然主義を啓蒙の無批判な継承、宗教的共同体を啓蒙の断絶ととらえ、その両者を架橋《かきょう》する新たな理論を探求する。訳者が指摘するように、本書ではかつて著者が帯びていた反宗教的なイメージは払拭《ふっしょく》され、宗教的共同体のエートスは豊かな源泉、「意味創出」の資源の一つとしてとらえ直されていく。その際に、宗教改革の時代にドイツ語圏に取り入れられた「寛容」概念の今日的位置づけを検証し、世俗的市民と宗教的共同体との対話可能性を模索していく。「偉大な諸宗教は理性そのものの歴史に属する」というヘーゲルの命題を冒頭に掲げ、本書は問いかける。異なる文化背景をもち、理性的には一致できない者同士でも、互いの信念に基づき生活を構成するために、何が成し得るのか。価値をめぐる闘争史に、終幕は訪れるのだろうか。その可能性を丁重に考証する姿勢に敬意を表したい。

学生との対話

（小林秀雄 講義／国民文化研究会＋新潮社 編）

生前、小林秀雄は口話の録音を許可しなかった。講演原稿も推敲《すいこう》を重ね、書き言葉へと変換してから公表した。それゆえ、本書は明らかに小林の意図に反した作品だろう。実際、もし知られたら小林の逆鱗《げきりん》に触れることを覚悟の上、こっそりとテープは回されたという。だが、いやだからこそというべきか。不思議な臨場感と熱気に溢《あふ》れた、稀有《けう》な言行記録となっている。

「対話」との表題通り、本書の大部分を占めるのは学生との生きた対話だ。昭和三六年から五三年にかけ、計五回行われた講演には、全国六〇余の大学から集まった大学生らが三〇〇〜四〇〇名集い、聴き、質問した。その様は、まさに小林自身が意識したソクラテスの対話法である。学生たちも、講義や小林の著作の内容はもとより、時に「戦後民主主義」や「現在の教育制度」といった大きな問題への問いが出るかと思えば、学生自身の不安や焦り、人生の指針を求める質問までさまざま。それらに対し、小林は安易な回答をよしとせず、問うことそれ自体の意味を、学生自身の思考力に訴え、問い直していく。

「本当にうまく質問することができたら、もう答えは要らないのですよ」とは、講義「信ずることと考えること」の後で語った言葉である。「僕ら人間の分際で、この難しい人生に向かって、答えを出すこと、解決を与えることはおそらくできない。ただ、正しく訊《き》くことはできる」と。質問するとは答えを求める以上に自分で考えることが重要である。考えるとは、本居宣長によれば「か身《む》交《か》ふ」、つまり、〈自分が身をもって相手と交わる〉ことであり、人間を考えるときには、その人の身になってみるだけの想像力が要る……。この明快な言葉は、書き言葉の小林秀雄とは人格ならぬ筆格が異なるが、魂は等しく読む者に語りかけてくる。学問や知識の細分化が進む今だからこそ、ぜひ一読されたい。

責任と判断　（ハンナ・アレント 著）

本書を精読している間に、例の相模原障害者施設殺傷事件が起きた。周知のように、ナチスはユダヤ人だけではなく障害者も約二〇万人殺している。事件は、ヒトラーの歪んだ優生思想を彷彿《ほうふつ》とさせるとの声もある。だがこの事件で表現された「悪の凶暴さ」は、かの有名な『イエルサレムのアイヒマン』で論じられた「悪の凡庸さ」に比べ、分かりやすく、陳腐ですらある。

ハインリヒ・ヒムラーはアウシュビッツ強制収容所建設に際し、「生産的に処分せよ」とのおぞましくも示唆的な言葉を残したが、今日この国で私たちは、個々人が進んで経済的生産性と政治的従順さを発揮すべしとの気運のただ中にあることを考えた。

社会保障費抑制と、より重度な障害者のサービス受給のための自己負担増という趨勢の中、「一億総活躍社会」とは、「役立つもの」への「総駆り立て体制（Gestell）」と、ハイデガーが『技術論』で呼んだものを彷彿とさせる。

また、文部科学省は新学習指導要領で、高校「公民」は、「現代社会」を廃して「公共」を新科目として設置するとの方針を示している。生徒が「政治的主体となること」「法的主体となること」「倫理的な主体となること」等を眼目とするというが、これらは民主主義の大いなる桎梏《しっこく》や、全体主義との相克をもっと慎重に検証せねばならない領域ではないのか。

思想的根拠を欠きながら、「主体性」という名の従順さばかりを求められるのであれば、今日の政府の姿勢は、まさしくアレントが生涯をかけて提起してきた重要な課題を、丸ごと骨抜きにしてしまっているのではないか。

一般に、個人が善悪を判断する前提は、「道徳」に求められる。だが、アレントは本書でこの「[普遍的なものであるはずの]道徳性が突然、その語源的な意味で、すなわち[たんに場所によって異なるものにすぎない]習俗や習慣の全体を示す言葉であるモーレースとしての意味で、理解されるようになったかのよう」だと指摘する。

「わたしたちは道徳的な規則や基準を示すために、ラテン語の語源[モーレース]に由来する道徳性という語と、ギリシア語の語源[エートス]に由来する倫理という語を使ってき]たが、道徳が「たんなる慣例や習慣を意味するにすぎないことが明らかになるとは、なんとも奇妙で、恐ろしいこと」ではないのか、と(「道徳哲学のいくつかの問題」より)。

卑近なことで恐縮だが、昔学部生のころ、倫理の語源エートスとは「心の習慣」を意味するギリシア語と聴き、そんな就寝時に着るものを浴衣からパジャマにする程度に変更可能なものに、西欧思想の善悪の判断はゆだねられているのか……？　と素朴に疑問に思ったのを思い出した。

アレントの思想に通底するのは、他者へと向かう能動的な態度と、他者経験の具体性の追究といえよう。『人間の条件』の中で、公共性における他者経験や共通世界の重要性を論じ、本書ではカントの定言命法の原理以上にその発現に注目し、悪とは「わたしたちから言葉を奪う恐怖に陥れるもの」と思考の基盤すら収奪される可能性を指摘する。

なるほど、「道徳」「判断」そして「責任」のような語は、アレントにとって「扉」にすぎないのだろう。それは、開き、通過し、示されることにより初めて機能を発揮する……そんな感慨とともに、本書を閉じた。

祈りの海

（グレッグ・イーガン 著）

ときどき、無性にグレッグ・イーガン界（と勝手に呼んでいる）に飛び込みたくなる。刺激を受けたいとか、感動したいというよりは、確認したいからである。何をかといえば、私たちの依《よ》って立つ「世界」の、あまりの脆弱《ぜいじゃく》さを。

本書の舞台は、惑星コヴナント。二万年前に入植した人々を先祖にもつ、敬虔《けいけん》な青年が主人公である。彼は若き日に、「深淵教会」の海中儀式を受ける。多幸感とともに、神の実在とその愛を確信する青年。だが、その後大学で微小生物を研究し、かつて感じた神の祝福は、海中に棲《す》む微小生物の排泄物による、単なる多幸症だったと知ってしまう……。

このように書くと、何やらハードSF全開の作品だが、本作、いやイーガン界の魅力は、技術や知識が、人間の世界観を転換（ときには内破）していく様態を、その強度のままに開示してくれる点にある。それは容赦なく、そしてあっけない。

そう。私たちは、はかなく寄る辺なき者たちである。だが、その限界が露呈する瞬間にこそ、逆説的に、世界の深淵が、蜃気楼《しんきろう》のように立ちのぼって見える……という感慨は、いささか感傷的すぎるだろうか。そして、本書を読むたびにこうも思う。今この社会では、どのような「聖なる天蓋《てんがい》」が、私たちを覆っているのだろうか、とも。

V

暮《く》らす

――衣・食・住、恋、家族

友だち地獄

（土井隆義 著）

私の中高生時代にも、本書に指摘されるような、ピリピリした人間関係は存在していた。もし二〇年前に、ケータイがあったら……おそらく、私の高校にも「地雷原」が展開していただろう。分かる。分かるだけに、現在若者が置かれた「友だち地獄」は恐ろしい。

コミュニケーションの「お作法」は、時代を映す鏡であり、技術はそれに基盤を与える。ケータイ・メールは、「即レス」が常識とされ、若い世代ほどその傾向が強い。内容を吟味するよりも、とにかく返信の「速度」が重要なのである。ケータイ・メールで交換されるものは、「言葉」ではなく、「空気」である。「空気を読む」とは、その場を支配する言語化されない「雰囲気」を共有し、他者との距離感を可能な限り消去すべし、ということか。ケータイという道具は、この不可能を（努力さえすれば）可能にしてしまった。

さらに、速度や近さが、内実より勝るという傾向は、言葉への感性も変えた。なるほど、ケータイ的人間関係や言葉遣いに慣れた世代に、「ケータイ小説」が支持されるのもうなずける。「リアリティがない」ことがリアルに感受される彼ら。それゆえ、身体の痛みや死のイメージが生を浮かび上がらせる瞬間に立ち会うため、少女たちの中には、リスカやゴスロリにハマる者も現れる。筆者は、リースマンの「他人指向型」を引いてこの傾向を論じるが、たしかに、今日誰もが他者への指向を瞬時に表明できるし、せねばならない。これが、若者の置かれた「地獄」の源泉である。「仲良しケータイ・メール同盟」の陰では、誹謗中傷何でもありの「学校裏サイト」が、三万八〇〇〇件も確認されている。

これほど「個性」が称揚され、ネットは「世界」に開かれているというのに、閉じた友だち関係に汲々とする若者たち。世界は今、開かれながら閉じている。その核心をとらえて見せる、名著である。

少子化時代の「良妻賢母」

（スーザン・D・ハロウェイ 著）

「良妻賢母」とは、一般に慎み深く勤勉で、母性あふれる伝統的な日本の母の理想像とされる。だが、この語は明治維新後の近代化の中で、人工的に作られたイデオロギーであり、今なお形を変えながらも文化規範として機能している。本書は聞き取り調査や先行研究をもとに、日本の女性たちを拘束するこの「母の理想像」に検証を加えている。

もともと「良妻賢母」は、愛国的な活動に従事し家庭収入も増やしつつ進んで育児もし、新しい近代国家建設に役立つ女性像と考えられた。だが意味は変質し、公的領域から女性を排除することと同義となり、戦後は専業主婦の増加とともに母親の役割の強調の意味で用いられるようになった。著者は問う。この文化モデルが真剣に受け止められてきたならば、日本は今も子どもがあふれているはずだが、現実は異なるのはなぜか。

心理学・教育学を専門とする著者は、日本の文化規範と女性心理との緊密な関係を再考し、女性たちの抱える葛藤を精査する。国際比較からみれば日本の既婚女性は母親の役割へのこだわりが強いが、家庭生活への満足度は低い。大変きめ細やかな育児を行っているにもかかわらず、育児に自信がなく不安感も高い。これは日本の文化規範が求める母親役割の基準が高すぎることが主たる原因である、と。

興味深いのは少子化対策への視角だ。育児と就労の両立支援はもちろん必要だが、女性が仕事に育児にがんばりすぎることが結果的に母の役割のハードルを押し上げている点にも注意すべきだ。加えて、「出生率の低下は、（女性の）結婚生活に対する幻滅の反映」との指摘は胸が痛い。不満の矛先は、心理分析からすれば、夫の家事育児の分担不足よりも、手伝おうとしない「夫の性格」そのものへと向かっている、とも。海外からみれば、かくも矛盾だらけな日本の妻・母の現状を知り、ぜひ問題解決の糸口にしたい。

ファッションフード、あります。

（畑中三応子　著）

何とも元気の良い食文化レビュー本。筆者は流行の食べ物を「ファッションフード」と命名、主として一九七〇年代から二〇一〇年までを疾駆《しっく》して見せた。七〇年代は、ちょうど日本が消費文化の成熟を見せ始めた時期である。あらゆる商品のメディア形態化は、食文化にも波及した。

特筆すべきは、ファッションフードが、食を既存の性別分業意識から解放したとの指摘である。食文化は望ましい家庭像と表裏一体だが、「おしゃれな食」の浸透は、若い女性を台所から解放し、さらに男性を趣味の料理へと誘《いざな》った。なるほど、消費文化は既存のアイデンティティーを攪乱《かくらん》し、軽やかに越境させる。

若干物足りなかったのは、スローフードや地産地消への目配りか。ただこれも、流行の俎上《そじょう》から軽やかに論じたともいえる。また筆者も指摘するように、食育もファッションフードの観点を取り入れるべきだろう。氾濫《はんらん》する食情報を、「消化」する必要を再認させる快書。

医学的根拠とは何か

（津田敏秀　著）

福島第一原発事故以降、私たちはこれまで耳に馴染《なじ》まなかった「シーベルト」「ベクレル」等の単位を聞く機会が増えた。一般市民の関心は何より健康への影響だが、専門家の回答は釈然としないものばかり。実は何か重大な危機を隠蔽《いんぺい》しているのではないか？　そんな猜疑心《さいぎしん》も煽《あお》られたが、事態はもっと構造的な問題から派生しているようだ。

疫学を専門とする筆者は、昨今の一〇〇ミリシーベルトを目安として「がんの増加が見られない」とする報告の問題点を指摘する。単に「リスクの上昇が証明されていない」との言及が、いつの間にか発がんの閾値《しきいち》（刺激となる最小限の値）のように考えられてしまっている、と。一方、ＷＨＯ（世界保健機関）の健康リスクアセスメントは、一〇〇ミリシーベルト以下であってもがん発症の可能性を指摘。この食い違いは、ＩＣＲＰ（国際放射線防護委員会）勧告の「統計的有意差がない」ことと「影響がない」ことの混同から来たようだ。またＰＭ２・５などの大気汚染も、すでにヨーロッパでは人体への影響の程度を測定し発表しているが、日本では大気汚染の程度を発表するに留《とど》まっている。これらは医学的根拠の問い直しを要する問題だ。

医学的根拠は、直感派、メカニズム派、数量化派の三つに分類できる。直感派は医師としての個人的な経験を重んじ、メカニズム派は動物実験など生物学的研究の結果を重視。そして数量化派は、統計学の方法論を用い人間のデータを定量的に分析した結果を重視する。筆者は日本の医学研究において、これらがばらばらに存立していると批判。とりわけ人間を対象に医療行為を行う上で科学的根拠となるのは数量化だが、他二者との連携も遅れているという。医学の高い専門性が思考の硬直化を招き、弊害に気づく契機に乏しいのも問題だ。私たちも、この身近で難解な問題をともに見直していきたい。

ファストファッション

（エリザベス・L・クライン 著）

今や私たちの日常生活を覆い尽くしている、「ファスト」な消費文化。規模の拡大と、時間やコストの削減を至上命令として、その伸展は留《とど》まることを知らない。とりわけ目を引くのは、H&MやForever21、Zaraなど世界規模で展開する格安ファッションチェーン（ファストファッション）だ。これは「問題の多い現代の消費文化の縮図」と著者は述べる。

ファストファッションが普及し、衣料品の単価が安くなるのに反比例し、購入点数は増加の一途を辿《たど》っている。アメリカでは、過去二〇年間で国民一人が年間に購入する衣料品の数は倍になった。それにともない、繊維ゴミの量も約一〇年で四割増加したという。日本も他人事《ひとごと》ではない。

近年ファストファッションの生産拠点は中国やバングラデシュなどに移されているが、繊維産業に用いられる殺虫剤や合繊染料などの有害物質は、現地の大気や水質を汚染している。下請け企業は厳しい納期やコスト削減を強いられ、労働環境は劣悪だ。近年、ダッカの衣料品工場が崩落事故や火災を起こし、多くの死傷者を出して問題視された。メーカー、アパレル企業、そして消費者の間に横たわる物理的・文化的な隔たりこそが、これらの悲劇の遠因であると著者は指摘する。

先進諸国の消費者たちは、消費の社会的意義に気づきつつある。リサイクルや手作りなどスローファッションや、現地工場の労働者の待遇まで気を配るエシカル（倫理的）消費への関心の高まりは、この証左であろう。本書の魅力は消費者目線から懺悔《ざんげ》に満ちた買い物遍歴が忌憚《きたん》なく語られる点にもある。著者はかつてファストファッション中毒患者だった。安価な服の魅力に抗《あらが》うことは大変に難しい。自宅は洋服であふれ、日常的に身に着けるのは、そのうちたった四％程度。おかしい？　そう思ったら見直してみるべきだ。私も……頑張る。

アメリカの家庭と住宅の文化史

（サラ・A・レヴィット 著）

メディアでお馴染《なじ》みの、暮らしを美しく演出する「家事アドバイザー」。この職業には、アメリカ生活文化史との深い関わりがあったのだ。本書は、一八五〇年から一九五〇年にかけてアメリカで家事アドバイザーが扱ってきた文化的テーマを詳解する。

一八世紀末、アメリカ人は生活の知恵を英国からの輸入頼みではなく、独自に開発し始めた。背景には、白人中産階級の人口増加と女性読者層の増大があげられる。やがて一九世紀中期から後期にかけて、家事アドバイザーは女性向けの小説や料理本の系譜を発展させ、家庭生活に関するアドバイスという分野を確立させていく。この時期家事アドバイザーは、家庭・女性・キリスト教の間の理想的な関係性を強調した。日常的に繰り返される家事に信仰心や愛国心の表現を盛り込むことにより、世界各国から集められた人々は、生活感情から「アメリカ人」になっていったのだ。

二〇世紀に入ると、宗教から科学へと権威の基盤は移る。合理的で衛生的な家事の理念はやがて「アメリカ化」と結びつき、移民の教化に活用されていく。家事アドバイザーたちは、家庭の行動様式を変えることにより、社会を改善することができると信じた。それは弱者への慈善や啓発活動とも結びつき、ソーシャルワークへと発展した。

筆者は述べる。「家具やカーテン、浴室備品そのものに、倫理的な特質や特徴があるわけではない」が、家事のアドバイスこそが「これらの物質に文化的な意味と特徴とを与えるのである」と。家庭を作るという行為とその文化的理想を掘り下げることは、単に女性たちの狭く私的な世界を解明することにとどまらない。それは国家的な課題や、ときに公共性の矛盾をも浮き彫りにする。その重要性は今日でも変わらない。戦後アメリカ型家庭生活を追い求めてきた私たちにとっても、誠に示唆に富む。

スバらしきバス

（平田俊子 著）

公共の乗り物でありながら、徒歩のような気安さを感じさせるバス。電車に乗るよりも敷居は低いが、確実に私たちを運んでくれるバス。通常、人は生活圏の範囲内で必要に応じてバスを利用する。だが平田はときに、いやかなり頻繁に、あえて日常を脱線するためバスに乗るようだ。

たとえば、目的地とはまったく別方向行きのバスが停《と》まっていても、扉が開くとふらふらと吸い込まれてしまう。「お酒の好きな人が赤ちょうちんの前を素通りできないのに似ている」。とくに好きなのは人の出入り。空のバスに乗客が満たされ、やがていなくなる。「何て寂しく、同時に安らぐ光景だろう」と。

ふと、日常と非日常の間を淡々と行き交う平田の詩を思う。元来人は、日常生活を精密に認識しているわけではなく、ところどころに空隙《くうげき》がある。平田は、空隙をその姿のままにとらえ記述する詩人である。バスの速度と空間に込められた、非日常への扉を開けてみてほしい。

東京百景

（又吉直樹　著）

　場所の記憶は、つねに更新されていく。スクラップ・アンド・ビルドな風景が広がる東京は、巨大な記憶の脱臭装置であり、私たちは集団的記憶喪失者として暮らす。だが、ときに重ねられる記憶の層を、静かに剥がす本に出会う。

　筆者は芸人で、一八歳で上京。本書を書き終えた時には三二歳になっていた、という。だが芸能界の喧騒《けんそう》とは対照的に、その視線は淡々と、静謐《せいひつ》だ。所収された場所の記憶は、住んでいた三鷹、友人を訪ねた立川、挑戦するかのように歩く原宿、母を連れていけずじまいだった東京タワー……。多くの固有名詞に、個人的な意味をもたらす言葉が並ぶ。

　場所を生かすものは、いつも人の記憶だ。稽古に通った場所、仕事で行った場所、変な人に絡まれた場所、そして恋人がいた場所。あるときは記憶が場所性を貫き時間をねじまげ、またあるときは時間を切断する言葉が並ぶ。頁《ページ》をめくるたびに記憶の擦《す》れ落ちる音が聴こえるような、東京の記録書。

彼女の家計簿

（原田ひ香　著）

暮らすこと、食べていくこと、そして子どもを育てること。それらのいとなみを覆う「主婦」「妻」「母」といった名称と内実との間に横たわる深い溝は、どこから来るのだろう。この物語に登場するのは、みな規格外の生活を送る女たちである。未婚の母として生きてきたプログラマーの里里《りり》、水商売や元AV女優などの経歴をもつ女性たちの就労支援を行うNPO代表の晴美、そして家庭というものから奇妙に縁遠い里里の母、朋子。彼女たちがふとしたきっかけから見つけた古い家計簿をめぐり、邂逅《かいこう》する。

戦中から戦後間もない時期につけられた家計簿の主は、加寿という大正生まれの女性だ。夫を戦地に送り、姑《しゅうとめ》を助けながらやがて代用教員として子どもたちを見守ることとなる。そのいとなみの端々には、加寿の細やかな息遣いが宿る。やがて夫は戦地から帰還したものの、仕事もせず横柄に振る舞い、夫婦仲も思わしくない。そんな折、お互いに心惹《こころひ》かれた優しい同僚の男性教員が、加寿に駆け落ちを申し出るのだが……。

戦後、バブル期、平成の世と、物語は時代を行き交う。その過程で、女性の生きづらさについての世代的な問題と普遍的な問題の双方が、静かに浮き彫りになっていく。規格外の女を救うのは、いつも女同士の絆だ。それは、家族関係からこぼれ落ちた女性たちの生活を掬《すく》い上げていく。

男への所属という命題を失った女にしか見えない風景が、丁寧に素描された作品である。掟《おきて》破りならぬ家族破りの罪は、いつも女に過酷だ。不倫の末心中した、と最悪の家族破りの罪を着せられていた里里の祖母の真実の姿がやがて物語をまとめ上げていくが、読後はそれすらもこの社会の見えにくい闇に比べれば、よほど明るい。「家計簿」の表題に込められた思いは、言葉にならないこの罪の余白を、暮らしの中に吸い上げる意図、かもしれない。

春の庭

（柴崎友香　著）

「生活」と「暮らし」の間には、見えない壁が聳《そび》えているらしい。現実と虚構の落差、といいかえても良いが、壁の強固さに反し、現在その境界線はひどくあいまいだ。何より、私たちは日々メディアに映し出される理想の暮らしを、すでに心の故郷としてしまっている。主人公「太郎」が住むのは、この現実と虚構のエアポケットに建つような、取り壊し間近のアパートだ。思いがけず、同じアパートに住む風変わりな女性「西」の話から隣の水色の洋館に関心をもつようになり……。

表題の「春の庭」は、その洋館を舞台にした写真集の名前だ。かつて住人だった、ＣＭディレクターの夫と小劇団女優の妻との共著。ＣＭ作品とは対照的に個性的で自然な暮らしの風景が並び、夫婦の親密性を強調している。この写真集を愛読してきたという西は、洋館を近くで見たい一心でこのアパートに住んでいるという。そこでの暮らしは彼女には決して手に入らないが、それゆえ純粋に愛《め》でる喜びを培ってきた。この想《おも》いのひとつひとつが、魅力的で興味深い。人は完遂し得ない欲望を、こんな風に受け止めて愛し続けることもできるのだ。それは、すでに離婚してしまった写真集の夫婦の家庭生活の儚《はかな》さと対照的に、持続的で執念深くすらある。

物語の中では、あらゆるものが完遂か終了の直前で絶妙なバランスを保ち、凍結される。言葉の持つ物質性を、極限まで研磨《けんま》し得るがゆえの離れ業といえる。加えて、研磨が及ばぬものへの目配りも清々《すがすが》しい。その最たるものが、「庭」である。庭とは、自分のものでありながら完全な「所有物」とはいかないもの。人目にさらされ、風景を切り取り掌中におさめたつもりが、繁茂する自然の生成力に圧倒されるものの象徴である。人間の欲望も、こんな風に思いもよらぬ方向へと繁茂するのだろうか。その過剰さを、静かな言葉が枠づけ、彩る。

厩橋

（小池昌代　著）

東武伊勢崎線「業平橋駅《なりひらばし》」が、東京スカイツリー開業を受け「とうきょうスカイツリー駅」に改名した。本作は、この塔を隅田川対岸から眺める一家の物語である。夫の親雄は郵便局員、妻の黎子は図書館司書。夫婦は通勤のため、毎日厩橋を渡る。幼馴染同士で結婚した二人は、一六年前、厩橋の上で女の赤ん坊を拾った。外国人の血を引くらしき褐色の肌をもつこの子を「月子」と名づけ、夫婦は大切に育ててきた。

まるで寓話のような始まりだが、本作の中核を担うのは「土地の記憶」と「価値」への視角である。夫婦が三〇年前に買ったマンションは、隅田川花火大会やスカイツリーのおかげで値が上がり、月子は成長とともに魅力を増してゆく。一家の住む場所からほど近く、樋口一葉が「たけくらべ」の舞台のモデルとした下谷があり、月子はこの作品の音読が得意。あるとき、幼馴染の晋太郎の紹介で、目の見えない老女のために「たけくらべ」を朗読するアルバイトを引き受けるのだが……。

物語の中では、幻影と現実が巧みに反転する。スカイツリーの対岸に住む一家は、誰もが彼岸の住人なのかもしれない。成長神話の再現ともいうべきスカイツリーを眺めながら、いやそれゆえに、一家は何かを欠落させていく。それを埋め合わせるためか、親雄は若い娘と不倫をし、黎子は図書館の常連に恋をする。「三・一一」の地震の最中、一瞬だけ触れ合った男に。

だが、それらはすべて厩橋の向こう側の物語。両親と対照的に、月子は土地の記憶に引き込まれるようにして、「たけくらべ」の世界へと誘《いざな》われていく。かつて老女は、花街で人や自分に値段をつけた身。なるほど、土地の価格が上下し塔が高くそびえる前から、女の身体は値札を貼られてきたのだ。後半に向けて幽玄さを増す物語は、彼岸への回帰か、はたまた哀悼《あいとう》か。震災という極点は、そのほんの入り口にすぎない。

お？　かお！

（ひらぎみつえ 著）


　最近、絵本の概念が変わりつつあるのか。大判で、短い文章で、分かりやすいストーリーというような定番の絵本と、本書は一線を画している。まず、小さい。一辺が約一六センチ弱の正方形である。一方、紙は厚い。というか、一枚の厚さは五ミリほどで、もはや「板」である。

　内容は、タイトル通り、ひたすら「顔」。ほほえみ顔の鼻の穴に指をかけて引き上げれば、大口を開けた笑い顔に。太い眉を八の字にすれば「ショボーン」だが、上げれば「キリッ」に。舌を出した顔は、さらに舌を引っ張ると、目をつぶったおちゃめな顔に。

　動かしてみて、感心した。この大きさと紙の厚さのバランスが、実に扱いやすいのだ。ベビー用品満載のトートバッグにひょいっと入り、楽々取り出して操作可能なサイズ感。しかも紙が厚いので、折れたり曲がったりしない。

　ふと、息子が赤ん坊だった一〇年前を思い出す。このような「玩具型絵本」に類似のものはあったが、これほど紙が分厚くはなく、息子が破ったりしゃぶったりして、あっという間に破壊していた。そうか！　赤ん坊相手には、この分厚さが必要だったのだ……！

本屋の絵本コーナーでも、この種の本は増加中。考えられるのは、移動中などに子どもをあやすには、最適な作りだということである。近年は出産後就業継続する女性も増えたが、保育所への送迎など、子連れ移動はまだまだ大変だ。ぐずられたときの針のむしろに座るような感覚は、私も覚えがある。

赤ちゃんは、人間の顔、とりわけ表情の動きに反応する。息子も「いないいないばあ」は大好きだったが、電車の中でずっと「いないいないばあ」し続けるのは大変である。なるほど、本書は「いないいないばあ」の代わりなのかもしれない。最後の「顔」はまぶたを下げて「おやすみなさい」なのだが、「おとなしくしてほしい」という、親の切実な願いに思えた。

おやすみ、ロジャー

（カール＝ヨハン・エリーン 著）

個人的なことで恐縮だが、息子は乳児のころからなかなか寝てくれなくて、私も夫も苦労してきた。もちろん、子どもが寝つくという触れ込みの道具は片っ端から試したし、昼間運動もさせた。結論からいえば、すべて徒労であった。あまりにも私が「寝なさい！」と言い続けたせいか、一歳のころ息子が最初に覚えた否定表現は、「寝ない」という言葉だった。「寝ない！寝ない！」と言って笑いながら遊び続ける息子を前に、私は神の不在を感じた。

本書はこの悩みに直接応える「子どもの寝かしつけのための本」だ。行動科学者の著者が二〇一〇年に自費出版したところ世界中で評判となり、日本ではすでに七五万部を突破したという。この数値の背後には、我が家のように夜モンスター化する子どもをもつみなさんがいるのかと思うと、胸がいっぱいになる。

主人公は、うさぎのロジャーと、読み聞かせてもらう子どもだ。要所要所でカッコに「なまえ」を入れる箇所があり、そこに子どもの名前を入れて読むゲームのようなしかけになっている。他にも「あくびする」とか、太文字や色文字の箇所は、言葉を強調したり、ゆっくり読んだりと、音読法が指示されている。これらは、聴く者を眠りに誘う心理学上の工夫だという。

ストーリーは、ロジャーがだんだん眠くなっていくというもの。だが、重要なのは言葉の意味よりも「音」のようだ。思い出したのは、息子が言葉を覚えていく過程である。人は、言葉の意味よりも先に音の調子に反応する。「いい子ね」と言われて笑っていた乳児のころの息子は、私の声の調子を心地よく思っていたのだろう。

この国の子育て文化は「寝かしつけ」を重視する。子どもが早く寝つくかどうかは死活問題だ。八歳の息子にも効くかどうか試してみよう……と思ったら、何と息子は本書を枕に寝ていた。「実験で読んでみたら眠くなっちゃった」という。これは朗報と思ってよいのだろうか⁉

VI

仕組《しく》む——この社会をデザインしたもの

少子化論

（松田茂樹 著）

少子化は、日本社会の抱える問題の集積点である。しかしながら経済・社会・家族関係などと不可分の関係にあるため、客観的に論じることは難しい。自明視されているがゆえに見えない問題に本書は一つ一つ光を当てていく。

このまま少子化が進めば、社会保障制度は破綻《はたん》し、労働力も消費力も大幅に損なわれる。次世代を産み育てる若年層に優しい政策が必要だが、肝心の投票率は高齢者層が高いため、政治は「高齢者シフト」が起こっている。また地域社会は学区など子どもを媒介にしたつながりを基盤としてきたが、これも解体の危機に瀕《ひん》している。なるほど少子化とは、単に次世代人口が減少することのみを意味しない。総体としてこの国を崩壊に導く時限爆弾なのだ。

それに対し、従来の少子化対策には根本的な誤りがあったと筆者は指摘する。少子化の最大の要因は未婚化であり、若年層の非正規雇用増加などが背景にある。それゆえ、制度に守られず生活も不安定な非正規雇用者こそ優先的に賃上げし、同一労働同一賃金を目指すべきである。また雇用の場でも子育て当事者しか念頭に置いていないのも問題だ。日本の育休制度は先進諸国の中では中程度だが、育休取得中の社員の穴埋めを求められる他の社員の負担増は見えていない。むしろ有給休暇の取得促進や残業削減策など、総合的な労働時間減少と効率性向上が肝要。女性個人の育児と就業だけではなく、総合的な協業と次世代再生産の両立が目指されるべきだ。

通読して、あまりにも育児当事者（母親）支援に偏った現行制度の問題を再認した。これは裏を返せば、子育ては個人責任との認識から来るものだろう。諸外国に比べ、日本は公共交通機関などで子連れに冷淡だという報告も気になる。この国の、今ここにある危機を読み解くガイドとなる一冊。

流動化する民主主義

（ロバート・D・パットナム 編著）

絆やつながりの大切さ。東日本大震災以降のひと頃、これが盛んに強調されたのは記憶に新しい。震災より少し前には、孤独死や無縁死が社会問題として大きく取り上げられた。背景にあるのは、地域社会の人間関係希薄化にともなう不安の蔓延《まんえん》。もっとも、これは日本に限らず先進諸国共通の悩みのようである。

代表作『孤独なボウリング』で、地域社会の良好な人間関係を「社会関係資本《ソーシャルキャピタル》」と呼び、それがもたらす計り知れない恩恵について論じたパットナム。その彼が、今度は各国の研究者たちとともに、先進八カ国の過去五〇年にわたる市民社会の変化を、社会関係資本を軸に比較検証した。対象となったのは、イギリス、アメリカ、フランス、ドイツ、スペイン、スウェーデン、オーストラリア、そして日本。表題が示すように、眼目はこれら先進諸国における民主主義の機能整備と社会関係資本の密接な関係にある。

パットナムは指摘する。民主主義社会の形成とともに訪れた個人主義化や市民の政治離れが、皮肉にも実効性を伴う民主主義存続のための基本的な社会的・文化的前提を風化させている、と。この指摘は、アリストテレスまで遡《さかのぼ》る政治理論——民主主義の定立基盤として、市民による地域社会への積極的参画が不可欠——と共鳴する。

とりわけ、日本の社会関係資本に関する猪口孝の検証が興味深い。独自の「市民社会指標」を用いた地域ごとの比較精査や、社会関係資本の変遷史等により、その特性について明確に論じている。近年日本では、他人への信頼感や政治参加意識は向上する一方で、政治家への一任意識は低下傾向にある。だがそれを具体的な社会参加へと結びつけるためには、市民意識高揚のための物理的・社会的なスペースや、心理的な動機付けが必要といった指摘も重要。民主主義の実効性そのものに取り組む、巨大な詳解書である。

スモールマート革命

（マイケル・シューマン 著）

経済成長と規模の拡大。一般にこの二つは不可分の関係にあると信じられている。たとえば巨大小売企業による大規模な流通支配や、ショッピングモールなど巨大施設の数々は、この「巨大信奉」の結果だろう。筆者はこれを真っ向から批判する。「大きければ大きいほど、激しく倒れる」のだ、と。たしかに、日本の過去二〇年を振り返れば、不動産バブル景気とその崩壊による長期デフレ、原子力ムラと呼ばれる巨大利権団体の体質を露《あら》わにした原発事故など、巨大ゆえの脆弱《ぜいじゃく》性が露呈し続けている。一方、規模の小ささは、今日大いに利点となる。それはコミュニティーとの密接な結びつきをもち、地域経済の自立性を高める。それゆえ、一般に評価されるより実際の競争力は高いのだ。

筆者は提唱する。最も経済的貢献度の高い企業は、地域に根差した小規模ビジネスを展開する会社だ、と。この原理を「地元オーナーシップ・輸（移）入代替主義（LOIS：Local Ownership and Import Substitution）」と呼ぶ。同業種の場合、地元企業は非地元企業に比べ、地域経済に二～四倍の収入、富、雇用を生み出すという。また、一人あたりの収入の成長率に寄与するのは小規模企業で、非地元の大企業では、むしろネガティブに作用してしまう。

地域での自立型経済は単に経済発展のみならず、グローバル経済が引き起こし得る問題——たとえば資本の逃避や通貨危機——による被害を、最小限に食い止めることにも役立つ。この点は日本がＴＰＰ交渉参加で直面する問題への対処にも役立つだろう。高度な自立は決して孤立主義を意味しない。購買力が上昇した地域では、地元で作れない産品を積極的に輸入するため、むしろグローバル経済の価値を向上させる。地域の価値を見直し、消費者、起業家、政策担当者などさまざまな立場の人に向けて、新機軸のビジネスモデルを提言してくれる。

ブラック企業ビジネス

（今野晴貴 著）

昨今頻繁に目にする「ブラック企業」という言葉。だがその実態や社会背景は、今なお正しく認識されているとは言い難い。『ブラック企業　日本を食いつぶす妖怪』で、単なる違法企業の問題ではなく、私たちの社会そのものに巣食う悪弊として問い直した筆者による続作。本書ではより具体的に、ブラック企業の業態を助けるさまざまな「ビジネス」を詳解している。

たとえば、ブラック企業を法制度面から支える弁護士や社会保険労務士のような「ブラック士業」という存在。彼らは過酷な雇用環境に対し声をあげた当事者を、脅しや法制度の意図的誤用などの手法を用い追い込んで行く。企業も士業も、利益を生むための行動はすべて「正義」というビジネスの論理。だが、社会全体からすれば部分の最適化に過ぎず、結果として弊害をもたらすと、筆者は警鐘を鳴らす。

学生の就職率を上げたい学校も、ブラック企業ビジネスの加担者となる。なるほど、大量の新卒者を採用して使い潰すブラック企業は、学卒時点での就職率かさ上げに大いに寄与する。大学教員として勤務する私にとっても他人事《ひとごと》ではない。またブラック企業の実態を知らず、正社員の座を死守せよと叱咤《しった》激励する家族も、結果としてブラック企業ビジネスの隆盛に寄与する。このような現状を、筆者は日本の社会システム全体のブラック化と呼ぶ。

ブラック企業は、従来の社会関係の「信頼」や「善意」を食い潰すことで自らの利益を得ている。好業績な企業の正社員であれば一生安泰との信頼感は、既存の安定した社会関係の中で育まれてきた社会的資産だ。これを悪用するブラック企業とは、究極のフリーライダー（ただ乗り）かもしれない。背景にあるのは、ビジネスの論理の社会への浸透。本書で語られた、ビジネスとは別種の社会正義の論理に基づく専門知識と対抗策は、極めて重要である。

俗都市化

（フランセスク・ムニョス 著）

近年都市論は、グローバル化や消費社会化の影響により均質化・平板化した都市のあり方を批判的に検証したものが多い。気鋭の都市地理学者である筆者はこの流れを汲《く》んではいるが、さらに踏み込んで都市景観や人々の時間の使い方の平俗化まで省察している。異なる特性をもつ四都市、ロンドン、ベルリン、ブエノスアイレス、バルセロナそれぞれのあり方を具体的に検証した点も参考になる。

ユニークなタイトル「俗都市化（Urbanalizacion）」は、スペイン語の「都市化（urbanizacion）」と「平俗な（banal）」を合成した造語である。この訳語を考案した訳者の技量に感嘆した。今日平俗化された大衆文化・消費は、「美味（活発・愉快）」と「光沢（柔和・清潔）」の二つの座標系をもつという。たとえばシュガーレスガムや低ニコチンタバコのように、「美味」だが「光沢」をもつ、つまり愉快だが清潔で危険のない平板な商品の普及は、そのまま都市景観の平俗化の定義に援用できるという。さらに今日の世界では、巨大都市の住人ではなくとも、都市的な景観や機能をもとに築かれた社会環境を脱することは困難だ。都市はシンボルであり、生活の基盤であり、それらの生成する過程そのものである。

筆者は最も成功した都市モデルとされるバルセロナの研究者であり、バルセロナモデルを真《しん》摯《し》に再考している点も興味深い。一九九二年のバルセロナ・オリンピックを機に、固有のブランドイメージを打ち出すため、バルセロナの過去の要素が、いかにして理想化・神話化されていったのか。なるほど歴史も風土性も、みな現在の景観に収斂《しゅうれん》する。

ふと東京五輪のことを思う。私たちは、この後どのような東京の景観と出逢《であ》うのだろうか。再編されゆく都市イメージのただ中で目をこらす筆者のまなざしは、今後私たちにこそ必要なものだろう。

フェアな未来へ

（ヴォルフガング・ザックス＋ティルマン・ザンタリウス 編）

「公正《フェア》」とは何か。これは倫理的な問いに留《とど》まらず、私たち自身の利益に直接影響を与える問題だと本書は述べる。たしかに私たちは、世界規模での不公正には関心が向かいづらい。目前の欠乏や不利益である予算不足や失業率にはすぐに影響されるが、気候変動や貧困、さらには国際的な資源競争などについては、自分たちの手に負えない話のように考えてしまう。だが、この見解そのものを改めるべき時期が来たようだ。

今の世界では、資源争いは局地的な問題にとどまらない。たとえば近年の中東の歴史は国際世界の石油問題と密接な関わりを持つ。巨大な人口規模を誇る中国やインドが海外資源を大食いしていくことも、世界に影響を与えずにおかない。これらは単なる資源不足の問題でも、安全保障の未整備でもなく、最終的には、公正《フェア》か不公正《アンフェア》かの問題に行き着くという。

印象に残ったのは「予防的公正」という概念である。人類史を紐解《ひもと》けば、古代ギリシャの時代から、成功した社会の維持に不可欠なものは「公正の原則」である。今日公正さは、グローバル化により一国内のみならず世界規模で考えねばならない課題となった。これまでグローバル化の推進者たちは、自らの利権の追求にばかり野心を燃やし、公正さを念頭に置いて来なかった。この結果出来上がった不公正な世界では、新たな紛争の火種やテロの脅威が蔓延《まんえん》し、社会の成立基盤までもが脅かされる事態となった。だがテロ撲滅の旗印と紛争地域への軍事介入は、結局のところ「予防的戦争」を招くものでしかない。これに代わり、公正と環境への配慮から成る介入によって、テロも紛争も平和的に予防すべきだと本書は述べる。公正はもはや慈善事業の問題ではなく現実的な政策理念なのだ、と。

公正さの見直しは、「豊かさ」そのものの見直しへと結びつく。いわゆる「幸福のパラドックス」、つまり経済成長が一定水準を超えると個人の幸福感はむしろ低減するという皮肉な事実が示唆するように、もはや時代遅れになった豊かさモデルが、亡霊のように世界にうごめいているのを実感した。公正さを無視し、旧来の豊かさモデルを刷新することなく放置すれば、世界はやがて一部の国に資源が集中した「グローバルアパルトヘイト」となるだろう。これを防ぐためには、すべての人々を包摂し、かつ居住可能な環境を保持する「グローバル民主主義」を目指すべきだ――本書では、エコロジカルで公正な社会を作り上げることの意義が、繰り返し真摯《しんし》に説かれていく。この意見を理想主義的と一笑に付すか、現実を変える処方箋《せん》と見るか。判断は読者諸氏にお任せしたい。

「インクルーシブデザイン」という発想

（ジュリア・カセム 著）

包摂を意味する「インクルーシブ」。この語がデザインに冠される背景には、普通のデザインが無意識のうちにはらむ排除の問題がある。著者は日本留学経験をきっかけに、この国に氾《はん》濫《らん》する不可思議なデザインを省察し、すべての人々を排除しないデザインを追求するに至る。それは、あらゆるエスニシティー、文化、年齢、障害の有無などを、企画から製造段階まで包み込むデザインへの挑戦である。

とりわけ興味深いのは、障害者向けデザインへの注視だ。著者自身子どもの障害と向き合い、既存の障害者向け製品の醜さを脱却すべく奮闘した経験からこう語る。障害とは、既存の問題に対して「新たな解決の扉を開くように、素晴らしくわくわくするものである」と。また日本ではユニバーサルデザインなど、障害者への配慮を眼目とした設計は、コンプライアンス（法令順守）ばかりが重視され、「平凡で醜い」点を指摘。文化特性や協業への視点が、細やかで力強い。

新 クリエイティブ資本論

（リチャード・フロリダ 著）

人間の創造性は経済発展の鍵である。ではその創造性を引き出すため、具体的に何が必要なのか？ 二〇〇二年発刊の前著『クリエイティブ資本論』を大幅に刷新した本書は、この問いに対し豊富な資料をもとに答えてくれる。

経済活況を呈する地域には「クリエイティブ・クラス」に属す人々が多く集う。彼らは、新たな価値を生み出す主軸となる人々、たとえば科学者、技術者、大学教授、詩人、小説家、俳優、デザイナー、建築家、編集者らと、彼らの周辺にいて知識集約型産業で働く人々に分類される。クリエイティブ・クラスは所得水準が高く、柔軟で多様性に富んだ生活スタイルや雇用形態を好む。コミュニティーへの参加意識も高く、お仕着せの消費を嫌い、豊かで創造的な体験を重視する。それゆえ、地域社会をより開放的で魅力的なものにするが、このことがさらなる発展を呼ぶ。

労働力人口の四〇％以上をクリエイティブ・クラスが占める地域は、三つのT――技術(technology)、才能（talent）、寛容性（tolerance）が備わっている。大規模な組織中心の時代には同調が重視されたが、今日必要とされるのは、個性や異質なものへの寛容性だ。それは地域特性に関与するため、本書は新たに四つ目のT「縄張り（territory）の資産」と呼ぶ場所の重要性も強調する。

本書の最大の貢献は、クリエイティブ・クラスに限らずあらゆる人々の創造性を引き出すことを主張し、そのために必要な新しい社会契約を論じた点にある。開放性、多様性、受容性を経済課題の中心に据え、柔軟な働き方を可能にする社会的セーフティーネットを構築し、創造性を抑圧する教育制度を脱するなど、様々な方途が語られる。翻って、日本の課題は技術や才能以上に寛容性であろう。硬直化した企業慣行や評価制度、さらには社会規範等を刷新する必要を痛感しつつ。

結婚

（橋本治 著）

すぐそこに締め切りが迫っていることは分かっているが、具体的に何から始めていいのか分からない。今の社会で、未婚女性たちが漠然と抱えている「結婚」への期待と、それを上回る巨大な不安。言葉にすると、やれ婚活すればいい、家庭的な所をアピールすれば、などとお定まりの解決法が返ってくるが、どれもこれも身の丈には合わない。最大の問題は、結婚という自分の人生の大問題に近づこうとすると、なぜかそこから「私」がぼろぼろと零《こぼ》れ落ちていってしまう点だ……。そんな、結婚がなんだかしっくりこない女性の心情を丹念に、かつ身も蓋《ふた》もないほど正直に描いた秀作である。

旅行会社に勤める倫子《りんこ》は、仕事もそこそこ頑張って、恋人もできたり別れたりしながら二八歳を迎える。「凡庸」だが「普通」からは遠い、そんな女性を描かせたら、おそらく著者の右に出る書き手はいないだろう……と感嘆するほど、倫子の日常は一見平穏で、それゆえ展開や救いに乏しい。本作には、結婚についての矛盾した感慨が次々と並ぶ。卵子老化の話題に、なぜみんな平気でいられるのだろうと思いつつ、兄が三〇歳になろうとする恋人の年齢を 慮《おもんぱか》って急いで結婚する話を聞けば、「結婚は、年齢でするものじゃないだろうに」。結婚したいのかと自問すれば、〝そうじゃないな〟。女は男と結婚するのではなく「自分の結婚と結婚する」との指摘も鋭い。

かつて女性は、結婚する理由など問わなかった。だが今や女性にとって結婚は、「するもしないも自由で、いくつでするのも自由」となった。それでも否応《いやおう》なく訪れる出産時期の限界や、将来への不安。「『自由』という言葉を三回繰り返せば、そこから『無責任』という和音も聞こえ、『自己責任』という足枷《あしかせ》の音さえも聞こえて来る」との一文は、静かに突き刺さる。倫子が下した驚きの決断に、吹きだしつつも震撼《しんかん》。

傲慢な婚活

（嶽本野ばら 著）

人間の自意識が極限まで引き伸ばされると、壮絶なラブコメになってしまうらしい。赤裸々を超えた露悪性を開示する主人公は、四四歳のノイジシャン。あえてくくれば音楽家だが、文字通りノイズを鳴らす前衛芸術家である。それで食べていくのは難しく、以前書いた小説がいきなり芥川賞候補となったこともあり、文筆家としての知名度のほうが勝っている。もっとも、最近ではそちらも落ち目気味だ。

その彼が、長年パトロンだった「ママン」に死なれ、彼女に住ませてもらっていた高級マンションを追われる羽目に。部屋探しをするものの、自らの社会的信用のなさを思い知らされ、パトロンになってくれる結婚相手を探し始める。条件は、美少女で、金持ちで、同居しなくてもいいというひどく都合の良いもの。だが突如、なぜかそんな理想の相手が現れて……⁉

本書では「傲慢《ごうまん》」という言葉の孕《はら》む根源的な意味が、めまぐるしく展開する。自分は何を選択し、何を選択しないのか。人間の自意識とは、そもそも傲慢なものではないのか。自意識の塊である主人公が、なぜかリスペクトするのは「大岡越前」や「水戸黄門」のようなエンターテイメント作品だが、その対極性が創作と自意識の関係を浮き彫りにする。時折、吉増剛造の詩をサンプリングしたかのごときノイズが炸裂《さくれつ》するのだが、それらは物語に収斂《しゅうれん》せず、ひたすら併走し、ときに同期する。タイトルからしてジェーン・オースティン「高慢と偏見」を想起させ、他にもさまざまな小説や音楽からの本歌取り・再構築が並び、百花繚乱《ひゃっかりょうらん》に振動する文体だ。

ふと、この社会を秩序だて、個々の人間の傲慢さを隠蔽《いんぺい》するシステムの数々に思い至る。個人の自由を前提としながら、情緒性や感情も既定の枠内にきれいに格納してしまうという意味では、結婚も音楽も同義なのかもしれない、などと思いつつ。

スーパー・サッド・トゥルー・ラブ・ストーリー　（ゲイリー・シュタインガート 著）

冴《さ》えない中年男が、若く美しい女性に恋をした。だが、さまざまな障壁が立ちはだかり、真実の愛を試されて……。などという古典的な設定にそぐわぬ大量の仕掛けが疾走する、異色ラブストーリー。舞台は近未来のアメリカ。経済破綻《はたん》後に独裁政権が軍事化を進め、人々はクレジット評価から性的魅力まで、あらゆる面で数値化されている。誰もが評価の奴隷だ。主人公のレニーは三九歳。クレジット評価は悪くないが、性的魅力は最低ランク。彼が一目惚《ぼ》れした二四歳のユーニスは、生意気で低クレジット階層だが、とびきり魅力的だった。

ジェットコースターに乗って交錯する恋愛、経済、メディア、軍事、政治、生命、そして人生の優先順位。恋愛の障壁と世界の障壁が無理やり同期させられていくさまは、本当に「超」悲しい。随所に散らばる評価経済のメタファーは、私たちの日常を執拗《しつよう》に戯画化する。無残すぎてやがておかしい、近未来のロミオとジュリエット。

アンユナイテッド・ネイションズ　（瀬尾育生　著）

周知のように、現在の世界では、国連の意思決定過程を経て「世界秩序」が形成される。「平和と安全」「諸国民の福祉」といった命題それ自体に、異論を唱えるものはいないであろう。いや、それどころか今日世界は、テロへの恐怖心や隣人への猜疑心から、「安全《セキュリティ》」が日常的に希求されている（と、こんなことを書いていたら、ロンドン・テロ未遂のニュースが飛び込んできた。しかし、そんなニュースに慣れてしまったことに、もはや誰も驚かない）。日常が、不気味《ウンハイムリッヒカイト》なものにまみれている――「テロ」や「匿名の隣人による暴力」は、実のところそれらの「象徴」であって、かかる事態の全容でもなく、ましてや「真理」などではない。だが、幾重にも「秘匿」された「それ」を、われわれはどう名指せばよいのか？

「新非被秘匿性」。第二章「アンユナイテッド・ネイションズ」所収の詩篇で、瀬尾育生はこの過程を精密に描いてみせる。冒頭、「個体維持するシャドウのようなもの」が自己の境界線をめぐって運動している（それは、「嘔吐し分泌し排便し射精する」）。だがそれは、死の忘却という決定的な非本来性の最中、「防衛技法の過剰が自己身体の外に宇宙的な敵意を想像している」。

一見すると、カオスの中にたゆたう生のようでありながら、その実、秘匿性の契機は、つねにすでにはらまれているのだ。

　秘匿性と非秘匿性、真理の忘却《レーテイア》と非《ア》‐忘却《レーテイア》。真理は認識／非認識の問題ではなく、存在者を非秘匿性《ウンフェアボルゲンハイト》（被暴露性《エントデッケンハイト》）において示すこと。秘匿される存在者の存在を非秘匿状態へともたらすこと、忘却によって秘匿されたものが開けた場《リヒトウング》へともたらされること、これこそが現存在の存在の開示である。しかし、ハイデガーが刻んだこの真理への道標を踏み抜くように、瀬尾は謳い上げる。「秘匿性。クタイスより。（中略）解読可能がそこからはじまる門の前で」「被秘匿性。ユダヤにせよタタールにせよ。（中略）植民地的腐敗と抑圧によって変形した肉体が男装して国境を越える」「非秘匿性。タタールでさえも。落ち・着き・の・ない不快に向って」「非被秘匿性。クタイスからにせよグルジアからにせよ。死はその人の普遍的な任期である。（中略）死後に帰ってゆくべき諸母語を自らのために残しておくことは政策ではなく存在への戦略だから泥道をトラックに積まれて帰る背中に子守唄がいつまでも流れている」と。

　越境、ディアスポラ、故郷喪失《ハイマート・ロース》の民、そして落ち・着き・の・ない不快《ウンハイムリッヒカイト》、秘匿性《みえないこと》も、被秘匿性《みえなくされてあること》も、非秘匿性《みえていること》も、非被秘匿性《みざるをえずにあるということ》も、すべて単なる真理‐非真理の線引きに還元され得ないのである。そう、今日の国際連合《ユナイテッド・ネイションズ》的秩序下にある国民国家《ネイション・ステイツ》とは、いっさいの被匿性も、非被匿性すらも、「見えなくする」。この意味で、国民国家《ネイション・ステイツ》成立時に「削除」されたわれわれの故郷《ハイマート》とは、まさに「死後に語られる母語」なのである。たしかに「国際連合《ユナイテッド・ネイションズ》」を前提とする世界は、自ずと諸国家《ネイションズ》内部における同質性を要請するが、この前提は、必然的に故郷《ハイマート》の不気味さ《ウンハイムリッヒカイト》をかもしだす。言い尽くされたことであるが、「一枚岩の国民国家《ネイション・ステイツ》」という「想像の共同体」は、国家装置と国民間に流通する物語との間にあった（はずの）境界線を無効化し、地域固有性《ローカリティ》、さらにかつてそれらを土壌としていた（はずの）個体の特質——身体、母語、志向性——を剝ぎ取っていく。いや、剝ぎ取ったという過程それ自体までもが消去される。この複雑にして日常的な事態を、瀬尾は名指す「もう一つの「別の」非被秘匿性——新・非・秘・匿・性《アイネ・ノイエ・ウンハイムリッヒカイト》だ」と。

　ところで、これらの剝奪過程は、「私的《プライヴェート》」なものの隠匿とも解釈可能である。瀬尾は「プライヴェートなものについて（第二稿）」のなかで、プライヴェートなるものの「公的な場での消去」を述べつつ、その消去可能性を疑う。「プライヴェートなものは言説の欠損・空白・失敗・つまずき・乱れ・言い間違い・不充分……などの「言葉の穴」として公的な場所に歴然と「姿を現わす」」と。ここにおいて、アーレント的なプライヴェート——私的であるとは、他人によって見聞きされることから生じるリアリティを剝奪されていることである——と、「単純に親密圏《インティマシー》に囲い込まれたはずの私秘性《プライヴァシー》」が、同時に（まさに「私的なる言葉」＝詩によって）書き換えられるのである。たしかに、「プライヴェートなものは理念としてはいかなる抵抗の根拠も与えない」が、言説の欠損として立ち現れる「言葉の穴」は、「聞こえない声・読めない文字が・躓きながら言う。ワレワレハ・抵抗スル」のだ。

ここにおいて、非《アン》-国際連合《ユナイテッド・ネイションズ》の「非《アンチ》」が示す抵抗の道筋もまた、明け開かれるのである。「抵抗」は、単なる否定ではなく「非《アンチ》」の否定までもはらむ概念なのだ。通常、「私的なるもの」を「公的」との対比により「線引き」すること、それこそが「国際連合《ユナイテッド・ネイションズ》」を前提とする「世界秩序」の基底に横たわっている、とされる。だが、かかる事態をも否定するこの「非《アンチ》」——これはまさに、詩的なるものと私的なるものの位相変換といえよう。世界は、入り組んだ「非《アンチ》」の構造をもっている。これを精密に描こうとする視座は、圧巻である。

買いものは投票なんだ

（ほう 絵／藤原ひろのぶ 文）

ある日、「ぼく」のところに現れた地球みたいな頭の、小さなおじさん。彼が問い直す「今時の便利な生活」への批判的な視点は、エコロジーへの配慮に富んでいる。タイトル「買いものは投票」との思想は、社会的な意味や価値を主眼としたオルタナティブ消費志向と同根だ。また、「ファストファッション」「ファストフード」に代表される「ファスト」な消費生活に抗する「スローフード」運動や「ロハス」にも通じる。かわいらしい絵柄ながら、なかなかに硬派な消費思想本である。

ただ、本書が薦める「自然・手作り」の生活は、現代日本の多くの消費者にとって、時間・コストともに選択が難しい。「自然」な商品は概《おおむ》ね高コストだし、「手作り」を追求すれば、超人的スキルの持ち主でもなければ、際限なく時間が取られてしまう。

本書の想定読者層は、小さな子どもの親たちであろう。ただでさえ子どもの身体への影響を考え、「不自然な」商品への忌避感が強い消費者層といえるため、過度に不安を煽《あお》らないか心配だ。たとえば、「みんなのお家をのぞいてみよう」のコーナーでは商品が二項対立的に描かれ、「どっちを選ぶ？」と聞いている。「化学調味料」は「グルタミン酸ナトリウム　味覚がおかしくなってしまいます」対「自然そのままの味」。「防虫剤」は「農薬にもつかわれる化学物質を吸いこむ危険」がある市販防虫剤対「虫が嫌いな天然アロマ　自然なもので防虫」。

実質的に普通の消費生活の否定が前提とされるため、おそらく多くの普通の消費者、とりわけ乳幼児の親にとって、苦しい内容といえる。子どものアレルギー体質や母乳が出ないなど、自身の生活習慣を責める母親は少なくないのだから……。

もちろん、現代の「ファスト」な消費生活は問題だらけで、この点に異論はない。ただ環境だけではなく、消費者にも優しく実践しやすい消費本も読まれて欲しいと、切に願う。

Ⅶ

詠《うた》う——詩歌、その他の言葉の刃

金子光晴を読もう

（野村喜和夫 著）

現在、金子光晴はどのように読まれているのか。どのように読むべきか。いや、金子光晴は、果たして読まれていいるのか。

ストレートな、あまりにストレートな表題から喚起される好奇心は、たしかにこの本を読んだときひとまず満足させられる。だが、読了後に残るのは何よりも、野村喜和夫自身が内包する詩作と自己との関係性への配視であり、両者の「対決」の後に野村が養分としたものの温度である。だいたいこの「反骨流浪詩人」を、ノイズまみれの今日的状況において浮遊するシニフィアンをつかまえさせたら（いや、「つかまえる」なんて似つかわしくないような気もするのだが）当代随一の詩人、野村喜和夫が評するのである。面白くないはずはない（余談だが、この両者の詩は私にとって、騒音の最中「へんなしづかさ」を湛えているという意味において奇妙に、しかし純然と同期する）。

さて、金子光晴の「抵抗とエロス」、さらには「虚無」を野村はこう解釈する。単なるリアリズムというより、むしろ生の潜勢力を現実化する動きそのものである、と。野村の見る金子光晴の自己は、近代的自我の強度を誇り抵抗に抵抗を重ねるという「物語」に回収され得ない。それは「ヌエ的」「面的」「世界と接してどこまでものびてゆく皮膚」「境界そのもののような」自己であり、それが結果としてすぐれた社会批判、共同体批判としての作品に結実してしまう点に、「最大の武勲があり魅力がある」のだ、と。

これらの中核に、野村は金子光晴の「散文性」を置く。「詩語中心的に閉じた系の外で、なお詩的言語の凝縮性やイメージの衝迫力を失わない」ながら、同時に散文的であり得ることの奇跡、これである。

野村の視座を借り、私はここに金子光晴の真骨頂を見る。「抵抗」やアブジェクシオンとの親和は、この詩人の一部に過ぎない。「詩人を捨てちゃった」と称することの「軽さ」（そしてこれを言い得ることの脅威）は、どこまでもヌエのような皮膚を獲得してゆく。

他方、「漂泊」「抵抗」「エロス」のような言葉もファッション誌の一隅を埋めて何ら遜色のない今日、あらゆるものは溶解し「気分」を演出するスパイスに転じ、消費されてしまう。ちょうどポストモダン思想の言説が、広告業者の言説にすんなり親和してゆく過程のように。

その意味で七〇年代に金子光晴が没した後、八〇年代以降、この国でサブカルチャーが「サブカル」と呼ばれ消費社会の全面化と手を結び、「急速な陳腐化」を運命づけられていったことは因縁めいている。そう、金子光晴は「サブカルチャー古典主義時代」に属しているのである。サンプリングによって使用されるオリジナル奏者のように、堂々と。今日金子の詩よりも詩人としての生き様（そして散文）のほうが「流通」している理由も、ここにある。

戦争詩論

（瀬尾育生 著）

「精神を探求するに際して開かれている道は、全体として、ただ二つのものしかない。われわれは必要に応じて二つに分かれたその道のどちらかを取らねばならない。つまり、一つは美の道であり、もう一つは政治経済の道なのである」。マラルメのこの言葉を、見事に想起させる本書である。

周知のように、二〇世紀において行われた二度の総力戦は、詩作品にも多大なる影響を及ぼした。とりわけ第二次世界大戦期に書かれた戦意高揚詩は、戦後徹底的な批判を受け、現代詩史から半ば「削除」された存在といえる。もちろん、ある一時代を表象したものとして「保存」（ないしは「告発」）されたものもあるが、それらは大抵、括弧つきの「戦争詩」として鑑賞される。

さて、瀬尾はこの「戦争詩」ならびに「戦争期の芸術表現の問題」を、本作において丹念に問う。それは、単純に倫理的な問題でもなければ、社会的・政治的思想上の課題でもない。「芸術表現に対して、あれこれの条件をその価値基準として語るすべての思考――かくかくの条件を満たせばこの作品は『よい』、そうでなければ『悪い』、というような『条件を言う思考』は、政治的な意味で語られるときも倫理的な意味で語られるときも、芸術表現を根源的に損なう」とし、さらに「戦争を否定しなければならない、ということを、詩に向って『条件』として語りかける思考も同様である」と述べる。なぜなら「社会が形成されるとき社会の外に作り出された芸術表現にとって、それを倫理的・社会的な基準によって判定してはならないということは、人を殺してはならない、という要請がそうであるのと同じように、『存在的』だからである」と。

さらに、問題の位相を複雑にしているのは、「社会的政治的思想と詩的思想との間に存在する関係をクリアなものにしないかぎり答えることのできない多くの曖昧さ」である。「『どのように戦争をなくすか』という政治思想にとっての正当な課題が『戦争への否定を語らなければならない』という個人的倫理に翻訳されて詩に向って語られてきた」のだ、と。

なるほど「戦争詩」は、通常、極めて短絡的な善悪二分法で語られる。前提として横たわるのは、戦後のヒューマニズム思想であり、良くも悪くも「戦争中の芸術作品や思想」はこの視座より照射される。この意味で、戦争期ナチスに加担したハイデガーが、戦後ものした代表作が「ヒューマニズムについて」であったことは、偶然ではない。「転向《ケーレ》」以降、ハイデガーは存在から存在者への道筋で思索するが、ここにおいて「ヒューマニズム」もまた存在論的に問われるのである。形而上学的な意味でのヒューマニズムを超え、人間の本質とは、「存在へ開かれた」ものであることを前提に思索すべきだ、と。そこから、いわゆるヒューマニズムへの反対の態度は、断じて非人間的ものを擁護するわけではなく、むしろ真にヒューマニズムを問う姿勢である、との結論が導き出される。

瀬尾の「戦争詩」への思索も、これと近似している。「戦争詩の存在論」を真摯に問うことは、決して安易な「戦後ヒューマニズム」に則った批判、ないしは告発の類であってはならないのだ。それは、戦後まもなく鮎川信夫・吉本隆明が戦争責任論において展開した、「詩人たちの、そのときどきの支配的な思想への屈伏の仕方、詩人という主体の脆弱さ」(鮎川)や、「その脆弱な主体が、西欧のモダニズムを衣装のように借りることで作られており、いったん戦争下の国民的な高揚のなかに置かれると、容易に剥がれ落ちて、隠されていた封建的心理を露出させるメカニズムを暴」(吉本)く姿勢において、核心へといたるのである。なぜなら、この姿勢をもって、ようやく戦争詩の存在論を問うことが可能となるのだから。

ところで、この「詩人という主体の脆弱さ」は、第二次世界大戦において突然露呈したものではない。それは、瀬尾によれば一九一〇年まで遡る。この年、日本の近代には大きな屈折をもたらす三つの事件が起きた。第一は大逆事件、第二は日韓併合、第三は口語自由詩の出現である。大逆事件は、日本の帝国主義(そして全体主義)的政治過程を明らかにし、その中で国民のナショナリティの分裂と「反体制」の成立をもたらしたのに対し、日韓併合は、資本主義の要請が国民国家の枠を超えて「あふれだした」ことをあきらかにした。

そもそも、ヨーロッパという「異質な原理」によって基盤を破壊されたところから近代化を開始した日本は、「その過程で抑圧され屈折した対西欧意識が、国民国家の完成と飽和の時期に、異質な主体を生み出して」帝国主義的な世界へ進出した。さらに「生み出されつつある主体にとって西欧とは欲望の対象である。しかしこのとき同時に、テクノロジーが作り出した世界と、時間と空間の帝国主義的な均質性のなかで、近代の起点にある外傷が反復され」ることにより、「身体の解体感覚」がよみがえる。このことを、ドイツのシュレーバー回想録『ある神経病者の手記』と、萩原朔太郎の「浄罪詩篇ノオト」の相似性に言及しつつ、瀬尾は論じる。「国家や国民をひとつの自我」と見立てれば、国家も個人も、「それらのものが自らを動かしている論理をクリアに自覚しておらず、抑圧と内的な分裂をはらんだ身体になっている場合、身体はこの抑圧に対して心理的な主体を形成する」が、後進的な近代国家は、外部からの侵入という「外傷」を経て国民国家を形成する。この抑圧の記憶が主体形成に作用した結果発言したのが、ドイツのナチス隆盛と、日本の帝国主義政策ではなかったのか。外傷を身に帯びた「主体」は全体主義へと「発症」したのである。皮肉にも、これら二国は、感応精神病的共同体《フォリ・ア・ドゥ》のように連帯した。

「帝国主義や全体主義は、普通考えられているように、国民国家の原理の延長線上に現われるわけではない」と瀬尾は指摘する。通常考えられるような、国民国家の「膨張」が帝国主義となり、それが極端化するとファシズムになるとの論法は、嘘である、と。なぜなら、アーレントの指摘するように、国民国家は均質な住民と一定のテリトリーを要するため、無際限に外部へ拡張する原理をもたない。それゆえ「帝国主義への発展は、かならずそのなかに、国民国家自身の分解過程を含む」のである。

分解過程は、市民階級内部からの脱落者が、やがて海外進出や汎民族主義運動の尖兵となることから開始する。ここにおいて、グローバルな資本展開と帝国主義的侵略と、「日韓同祖論」に基づく日韓併合が可能となった。だが、それを語る主体はどのように変容したのか。

先に述べたように、ここにおいて「登場」したものが、口語自由詩である。「日本の近代詩成立の過程には、新体詩というあたらしい定型にともなって、同時に内面性という特質が確実に進入してくる」と瀬尾は述べる。なぜなら「西欧の詩概念は、それが韻文《ヴァース》を本質とするかぎりでは、基本構造において類似しているヨーロッパ諸言語の間では変換可能であるとしても、音律・韻律構造をまったく異にする日本語のなかに入ってくることはできない」からであり、「西欧の詩概念は、それ自身がロマン主義を経由してあらかじめ内面化されていることによってはじめて、日本語のなかに進入することができる」と。

つまり、詩人「が」内面的であったかどうかという以上に、近代詩の提携が、詩人「に」内面性と国民国家的均質性を要請したのである。だが、口語自由詩はそれを打ち破る。「ナショナルな心情の共同体や個人の内面性の形成にとって一つの切断を意味している」のである。すなわち、口語自由詩に課せられていたものとは、「国民の内的分解と、それからの逸脱の衝動によって詩を成り立たせる」ことなのだ。初期朔太郎は、まさしく帝国主義の移行期、地域共同体や家族が解体していく過程において「外傷」を受けた「異常」な内面性、そして主体を描いている。ここに、「口語自由詩という美の道」が選択されたのは、決して偶然ではない。

西田幾多郎　心象の歌

（伊藤宏見　著）

二〇〇八年、拙詩集『Z境《せっきょう》』が晩翠賞を受賞した。仙台文学館で贈賞式の際、選考委員の三浦雅士さんにご講評をいただいたのだが、これが現象学を下敷きにした壮大なスピーチで、作者のほうは恐縮して小さくなっていた。同行していた夫が、後で「三浦さんは、あのとき純粋経験と言いたかったのではないか」と言いだし、その縁で本書にたどりついた。

西田幾多郎の言う、純粋経験の主観―客観未分化の境域。たとえば、詩歌は言語による表現でありつつも音楽に近く、まず言葉のふるえがあり、感受する者にはしびれがある。この域でしか表現できぬものがあることを知る思索者の姿を、垣間見たような気がした。

西田が優れた短歌の書き手でもあったことは、意外に知られていない。「アララギ」には、「短詩の形式によつて人生を摑《つか》むといふことは、人生を現在の中心から摑むといふことでなければならぬ」と論じているが、実作はどうであったか。

たとえば、大正九年に長男謙を亡くしたときの二首。「担架にて此道行きしその日より帰らぬものとなりにし我子」「垢つきて仮名附《つき》多き教科書も貴きものと筐《はこ》にをさめぬ」。その一年後

「梧桐《あおぎり》の若葉陰なる病室の日薫る頃彼は逝きけり」。

触れてみてほしい。この不器用な思索者の、言葉のふるえに。

記憶する水

（新川和江　著）

新川和江の作品世界のまぶしさは、おそらく変色してしまう前の生を、他愛もなくつかんでみせる柔らかな握力によるものである。むしりとれば無に帰するような「何か」を、永遠の掌中におくこと。これを成すことができる詩人は、存外少ないように思う。

社会に流通する言葉により、生は水のごとくさまざまな色に染まる。だが、単に水流のように当該時代を流れ去るだけではなく、蓄積され、地層をなし、多様な様態をみせるのも言葉である。「歴史」「記録」「記憶」「制度」「秩序」――。多くは言葉より出でながら言葉を覆し、ときに言葉を裏切りさえする。

詩の言葉がこれらを転覆するためには、さまざまな方法論があるだろう。だが、新川の作品は敢えてそれに抗せず、ただ、つかんで見せる。最新詩集『記憶する水』の表題作は、まさにその特質を十全と発揮した作品といえよう。「水には記憶する能力がある」。それを「たしかなことだ」と書き抜けてしまうように。

新川の作品においてたびたびモチーフとして使われる「水」は、いずれも自他や主客の垣根をするりと抜け、やすやすと息づく。たとえば、「水がわたしを呼んだとき／わたしのからだは丸木橋からこぼれて／息つく間もなく川の腕に抱かれていた」（「火へのオード18」）。「水が抄き手に寄り添っているのか／抄き手が水に寄り添っているのか／はたからは手も嘴もさしはさめない」（「抄舟の水」）。

ところで、個人的なことで恐縮だが、私は現在妊娠十ヶ月である。体力向上のため、五ヶ月目からマタニティ・スイミングをはじめたのだが、当初上手く浮けずに難渋した。

私は普段、泳ぐのは比較的得意である。だが、いつもと勝手が違う。インストラクターによると、妊娠中は体が浮きやすくなるため、腕や脚に力が入りすぎると、かえって上手く泳げないそうである。「肩に力が入りすぎですね」。そう言われ、論文でも評論でもよくそう指摘される自分を見透かされたようで、ぎくりとした。とくに背泳ぎが駄目になり、ぶくぶく沈む。焦れば焦るほど、水が身体にからみついてくる。

しかし、何回か通ってもう見込みはないと思いはじめたそのとき、ふいに天井がゆるゆると溶けるように揺れはじめた。ああ良い気分だ、と思ったらぷかっと身体が浮いた。

「水よ　とわたしは呼びかける／――覚えていておくれ／地上のすべてがわたしを忘れても／わたしがわたしを忘れてしまっても／おまえだけは記憶にとどめていておくれ」

この詩の風景は、浮かびながら見上げたプールの天井のゆらぎによく似ている。揺れながら、水と自分との境界線が崩落していく感触に、一瞬だけ新川作品の世界にじかに触れられたような気がした。

もっとも、身体が浮き出したら調子に乗り、バタフライまでマスターしてがんがん泳ぐようになってしまった私には、この境地は長続きしなかったのだが。

寺山修司未発表詩集 秋たちぬ

(寺山修司 著/田中未知 編)

没後三二年を経てなお色あせない、寺山修司の美学。それは舞台美術や前衛短歌などの領域を飛び越え、さまざまな表現に影響を与え続けている。本書は、寺山が一四、五歳のころノートに綴《つづ》った未発表詩集。彼の短詩型の特徴である鮮やかな言葉の切っ先は、初期から萌芽《ほうが》していたのを確信した。レイアウトや挿絵に凝った原典の写真も添付され、貴重な資料となっている。

本作が書かれた一九五〇年代前半は、谷川俊太郎をはじめ、現在まで続く現代詩の潮流がうねりを上げていた時期と重なるが、不思議と寺山の詩にその影響はない。むしろ色彩の対照性や時間を大胆に圧縮する技法は戦前の口語自由詩に近いが、やはり一筋縄ではいかない。表題は堀辰雄『風立ちぬ』から。頁《ページ》をめくると目に飛び込むのは、「あかい笛」の鳴り響く「かなしい景色」。「魔法で話す」黒猫たちに、「裏がえしに飛」ぶ飛行機。耳を占拠する「白い風の胡弓《こきゅう》」……極彩色の抒情《じょじょう》が、滴《したた》り落ちていく。

おいしそうな草

（蜂飼耳　著）

言葉は文字通り言の葉。豊かで目に鮮やかな表象が、「葉」の字を当てさせたのだろうか。だが、筆者はあえて「草」を選ぶ。その低い視線は、通常視界に入らないものを、丹念にとらえて見せてくれる。引用される言葉は、八木重吉、西脇順三郎、中原中也、高橋睦郎、石原吉郎、左川ちかなど、百花繚乱《ひゃっかりょうらん》。だが、単なる解説とは一線を画す。

圧巻は、表題となった「おいしそうな草」の一節。鈴木志郎康《しろうやす》の詩「雑草の記憶」を引き、言葉なき雑草が「私」を通して言葉になろうとする刹那《せつな》を切り取る。そのとき「私」が雑草になりかけ、言葉がそれをおしとどめる、とも。「言葉が、人間とその他のものを区分して、限られた生を言葉の灯《あか》りで生きるようにと、うながす」が、「牛や馬、羊ならば思うだろう。おいしそうな草、と」。草を掻《か》き分け食らう動物と、言葉とともに繁茂する人間との差異。言葉の表皮を削《そ》ぎ落とし、内在する生成力そのものへの注視が連ねられた文集である。

詩についての小さなスケッチ

（小池昌代 著）

詩は難しい、という。私も幾度となく言われてきたが、本書は詩の懐深くに滑り込み、心音を聴き、その魅力の鼓動を伝える詩論である。一般に、言葉は発話者が何かを伝えるため使用されるが、詩はその前提すら覆す。詩は「自分のなかの他者の存在」への驚きが先立つものであり、「私」の範囲すら軽く飛び越えてしまう。だから「詩の言葉が誰かに伝わるとき、それは、わたしの言葉であって、そのひとの言葉である」と。

詩が読まれるとき、書き手も読者も、ともに詩が開《あ》け開《ひら》く「場所」を共有するのだ。この現象を裏づけるように、多くの詩人が語られる。たとえば大量の作品の細部がやがて「全体たろうとしていることばの運動体」となっていく大岡信、「おいしい『だし』が出そうな」谷川俊太郎、読み終えてから時間差攻撃のように「血のなかを、ひっそりと流れていく」茨木のり子……。定型詩と現代詩に見る「自然」の検証も興味深い。多彩な光線が照らし出す、詩の現象学。

スカル・ブレーカ

（森博嗣　著）

強さとは何か。この主題には古今多くの作品が取り組んできた。ましてや剣豪の若者が主役の時代小説とあれば、一般的には自己鍛錬を通した成長物語となるのが必定。だが、本作の眼目はそこにない。本作は、「ヴォイド・シェイパ」シリーズ第三作目。タイトルも英語で、人物名もすべてカタカナで綴《つづ》られる。主人公・ゼンは、師匠・カシュウが亡くなったのを機に、幼少から暮らした山を下りる。まるで一から主人公を育てるロールプレーイングゲームのようだ。

ゼンは、自分の正式な名前も年齢も知らない。本名は初巻で禅之助と分かるが、あまり気にかけていない。そもそも、名と実を取り結ぶことに興味のない主人公なのだ。それゆえ、人名もただ音として反響するのみ。だが読み進むうち、読者には次第にゼン独自の研ぎ澄まされた言語感覚が明らかになってくる。他人と交わる中、ついに本巻でゼンは言語が社会秩序を構築していることに気づく。だが、同時に思う。「剣には言葉はない」と。それゆえゼンは、空無《ヴォイド》にして強靭《きょうじん》なのだ。

さて、一般に時代小説の豊潤さは、その虚偽性が濃密であるほど現実味を増す。いわば、想像／創造された過去の言語体系が、リアリティーを増幅するジャンルともいえる。だが、その増幅装置をすべて取り除いたら世界はどのように見えてくるのか。本作は、時代小説の体裁を借りた言語ゲームのようでもある。

また、本作は典型的な貴種流離譚《たん》であり、ゼンの出生の秘密が物語の中軸をなすが、当人はそれを知ってなおその価値に興味を示さない。なるほど、あらゆる「隠されたもの」の価値は、他者による解明への欲望によって高められるが、ゼンはそれと相容《あいい》れない求道者だ。ミステリーという秘匿性の王国を描いてきた筆者が、ついに秘匿性そのものへの問いに行きついたということか。この異色で美しい言語世界を堪能されたい。

女のいない男たち

（村上春樹　著）

独断と偏見だが、本書は祟《たた》る。一見そんなおどろおどろしさはなく、むしろ珍しくのし紙をきちんと巻いたような「まえがき」つき。だが紐解《ひもと》くと不定型なパズルである。読み終えると、このように私までが修辞法なしに文章が書けなくなる呪いを帯びる点が恐ろしい。だが、それは本書の恐ろしさの序章にすぎない。個人的に呪うのではない。類として、読者に祟るのである。

いずれも女との「適切な」関係を結ぶことに失敗し、相手を永久ないしは半永久的に失った男たちの物語だ。たとえば、妻に不倫された上に先立たれてしまう（「ドライブ・マイ・カー」）、独身主義者が珍しく本気で人妻に恋をするが、彼女が別の不倫相手と去っていく（「独立器官」）、妻の不倫現場を目撃したことをきっかけにすべてを失っていく（「木野」）、といった風に。

これらの喪失を祟りのように拡散させ、読者に感染させていくのが、最終話「女のいない男たち」だ。「ある日突然、あなたは女のいない男たちになる。その日はほんの僅《わず》かな予告もヒントも与えられず」と書き出されるこの一節は、個としてあったはずの自己が、あっけなく類へと回収されていく過程を端的に示している。それは、他の物語に綴《つづ》られたさまざまな暗喩——アウシュヴィッツへ送られた内科医や、芦屋生まれで標準語を話す主人公と田園調布生まれで完璧な関西弁を話す友人との交錯した友情など——を経てなお収斂《しゅうれん》しない。「木野」の主人公が蛇に追われ、「レコード・コレクション」や「青山の落ち着いたバー」などの記号を脱ぎ捨て、あたかも村上春樹が村上春樹を脱皮するかのように逃亡する場面もまた、不定型な一ピースだ。パズルは完成せず、物語は完了せず、ただ読後は一切が共振する。「シェエラザード」が暗喩する千夜一夜物語のように。「悪魔払い」だと、筆者はまえがきで語った。字句通り、その通りである。

悪声

（いしいしんじ 著）

廃寺のコケに置かれていた「なにか」。赤ん坊のような姿だが、あきらかに人間とは異なる物を見、聴くことができる。いや、聴覚や視覚といった感覚の間の垣根が低く、混在した独自の感性を持っていると言ったほうがいいだろう。とりわけ特異なのは、その「声」だ。発声されると「たったいま、特別なものがそこに置かれ、一瞬後には取り払われてしまっている」印象の、触覚が伴ったような声。繁茂するコケが最初の子守であり、幼いころにはコケの言葉が「風景が一気に、耳へ流れこんでくるみたい」に理解できた、という。

「なにか」は子どものいない夫婦に引き取られ、成長し、人間の言葉を覚え、学校で学び、やがて風変わりな子どもとして「オニちゃん」と呼ばれるようになる。女性の音楽教師にはその歌声を驚嘆されるが、教師が交代するのと同時に悪目立ちする声と決めつけられ、本当に異形の「オニ」扱いの子どもにされてしまう。不穏な空気に閉め出されるように入ったお寺で、お経に魅入られた「なにか」はやがてお寺に入ることを決意する。そこで初めて、住職の「寺さん」に指摘され、「音が目にみえる」自分の声の特殊さに気づかされ……。

全編、音と感覚と超自然的な力の関係にあふれた本作は、世界観をゆるやかに転倒させていく。主役は人ではなく、定型のない生そのもののようにも見える。西欧キリスト教的世界観では、「はじめに言葉ありき」だが、この国のはじまりは、地を覆う湿潤なコケの吐息のような、自然の生勢力のふるえる声かもしれない。著者の駆使する京言葉のまろやかさがこの韻律を増幅し、軽い陶酔感すら覚える。不思議な力をもつ「オニちゃん」にも鷹揚《おうよう》な人々の息づかいが、人と異界との境界線をあいまいにしていく。

寺さんの双子の弟で、西欧的世界観の象徴のようなアムステルダム帰りのサックス奏者・タマと「なにか」の対話は、本作に鮮やかなコントラストを浮かび上がらせる。タマは「なにか」の歌声を、他に類を見ない「へんな声」と評する。「こいつの歌は、歌なんてもんじゃねえ。草がしゃべってる。鳥や虫が、錯覚やたとえじゃなく、ほんとうに人間のことばでぺちゃぺちゃうたっていやがる」と。異界と接続するその歌声は、聴くと「なにか」の世界観が漏れ出してきて、感染したようにその世界を垣間見てしまう、と寺さんは語る。それは日本の伝統的詩歌に通じる感覚だ。花鳥風月、自然の風物が音韻をともない、言葉になり、風景をふるわすこと。それこそが、日本の「ことだま」への信仰と憧憬の根源にある。

寺さんの語る「空のばかでかい目」は、動植物をはじめ自然物すべてを包摂し映し出す「鏡」だ。やがてそれは円環時間のなかに格納され……。本作の中では、線的な始まりと終わりのある物語の世界観が、静かに覆る。表題の「悪声」とは悪い声だけではなく、悪評の意味も含むが、「悪」と名指すもの／名指されるものたちすらも転倒する、異形の小説。

日本まんが（第壱巻・第弐巻・第参巻）

（荒俣宏 編著）

一大表現ジャンルとなった「日本まんが」。だが、誕生から変遷に至る道筋は平坦《へいたん》ではなく、下位文化としての逆風にさらされてきた。今日のような隆盛を可能にしたのは、描き手の才能と熱意、そして読者の圧倒的な支持である。本書は、この日本まんがの立役者たちが語る、生きた歴史書である。歴史が浅いジャンルゆえに、黎明期《れいめいき》の巨人たちの肉声を聞くことができる幸運に感謝したい。

冒頭に指南役として登場するまんが史研究家・清水勲編では、古今東西のまんがが表現の変遷や社会背景が明確になる。とりわけ、江戸時代の浮世絵や黄表紙、『北斎漫画』のような戯画本などの源流と、文明開化による西洋まんがの輸入、新聞などマスメディアの隆盛との関係は興味深い。個人的には、福沢諭吉もまんがの原作を書いていたとの話は衝撃的であったが、民主化を進める上で、まんがの可能性を理解していたからに違いない。風刺画のように権力を脱《だっ》臼《きゅう》させる手段としても有効である。

描き手の戦争や戦後復興期の体験が日本まんがに与えた影響について再認させられたのは、

やなせたかし、水木しげる、松本零士らとの対談だ。やなせ編では、『アンパンマン』はもともと大人向けであり、作家自身、子ども向けの作品は描けないと明言しての作品だったと語られる。俗悪だと絵本評論家に酷評されたとも。だが、戦争体験と倫理への問いから生まれ、透徹した風刺精神から従来のヒーロー像を覆したアンパンマンは、子どもたちの人気者となった。

水木は戦後、生活のために貸本まんがを量産したという。まんが市場が貸本から出版社へと移行する歴史的転換期に、「鬼太郎」シリーズが立ち会った。松本の陸軍パイロットだった父の話も、強烈な印象を放つ。戦後公職追放となった父を頼らず、高校時代からまんがを描いて学費を稼ぎ、戦後社会を生き抜きながら鋭く観察した目線には圧倒される。

他にも、戦後日本の男性性を形作るにあたり、少なからず影響を与えたちばてつや、さいとう・たかを、平田弘史、バロン吉元。異彩を放つみなもと太郎に水野英子。少女まんがの巨星、里中満智子、竹宮惠子、萩尾望都、高橋真琴、さらに少女恐怖まんがを語る楳図かずお……。里中の「状況に泣く女の子」ではなく、「自分で考えて生きて、決心できる女の子」を描きたかったとの談話は力強い。萩尾の性規範や家族像の転倒に彩られた作品の根底にある、共同体への問いも深く静かで、強靭《きょうじん》。

彼らの情熱を、同じ熱量をもって受け止める編著者の力量にも感服する。今この瞬間も生成しつづける日本まんがの源流を語る、熱い、熱い本である。

あたしたち、海へ　（井上荒野　著）

有夢、瑶子、海はとても仲良しだった。三人は、川沿いの新しい住宅街ができたときに同時に引っ越してきて、同じ小学校に通い、同じ私立女子中学に合格。同じく、アーティストのリンド・リンディのファンでもある。

いつも一緒の三人だったが、中学校のマラソン大会をめぐり、いさかいが起きる。きついマラソン選手に選ばれるのは誰もが嫌だったが、ボス的存在のルエカが巧妙にユニホーム係を務め選手にならずに済んでいたのを、海が不公平だと指摘したことで、クラスから仲間はずれにされてしまう。

熱血漢で少し融通が利かない海は、その事件をきっかけにいじめを受ける。やがて海は引っ越し公立中学に転校。だがその後も、ルエカは有夢と瑶子に海の引っ越し先を訪ねさせてその話をみんなで笑うなど、執拗《しつよう》だ。

ただそのルエカも、一見幸せに見えながら、母が祖母から受けるひどい嫁いびりを見て育ち、常にいら立ちを抱えている。茨木《いばらぎ》のり子の詩にまで心の中で毒づくルエカと、純粋に音楽を楽しむ有夢たちの姿は対照的だ。

いや、この物語に出てくる人物は、みな表面的には平穏だが、少しずつほころびを抱えている。それらは大きな破滅を迎える訳ではなく、日常に内包されている。じりじりと登場人物と読者の首を真綿で絞めるような、微妙なさじ加減がこの作品の真骨頂かもしれない。

誰もがおかしいと思いながら、集団になると抗《あらが》えなくなる、いじめの空気。海の母親が勤める高齢者専用マンションでも類似のことが起きて、この凡庸で重苦しい構図が二重写しになる。有夢と瑤子がお気に入りの曲は、リンド・リンディの「ペルー」。彼女たちがこの曲を歌い、名前を口にするときだけ、物語に通底する閉塞《へいそく》感に小さな風穴が開く。それはささやかで、たちまち日常に押しつぶされそうになるが、何度も歌われ、何度も口にされる。それが最後、驚きの結末に読者を連れて行く。気になる人はぜひ本書を読んでいただきたい。

Ⅷ

生《い》きる

――生まれてから死ぬまでのおのおのの時間

ルポ　虐待

（杉山春　著）

二〇一〇年夏、大阪の繁華街近くのマンションで、三歳と一歳の子どもたちが遺体で見つかった。当時二三歳のシングルマザーだった母親の育児放棄（ネグレクト）による死と報道された。繰り返し映される子どもの元気だったころの写真と、風俗店勤務だった母親の宣伝写真。五〇日間にわたり子どもを放置した、その間遊びまわる姿をSNSにアップしていた、リビングの外から粘着テープを貼り、玄関に鍵をかけて出た……等々、身勝手な母親の姿を先鋭化する情報が、メディアに躍った。

彼女は、本当に子どもたちを殺す気だったのか？　重く複雑な問いを軸に、筆者は丹念に取材を重ねていく。「虐待」の一言で片づけられる問題の背景にある、有象無象の矛盾。浮かび上がるのは、母親の半生に詰め込まれた不条理だ。精神的に不安定な実母と実父は離婚、自分の問題と正面から取り組むために必要な精神的後ろ盾もなく、対処法も学べず、家出を繰り返した少女時代。彼女もまたネグレクトされた被虐待児である。おそらくそれに気づく機会さえ、与えられなかった。

一九歳で結婚し、二〇歳で母になった彼女は、当初布おむつや母乳にこだわり手の込んだ育児をしていたという。だが、二二歳で離婚。家族会議で彼女は、子どもたちを一人で責任を持って育てることを言い渡され、「家族には甘えない」「夜の仕事はしない」等の誓約書まで書かされていた。

浮き彫りになるのは、良い母であろうという理想と現実との落差。その間を埋める手段や問題対処能力の欠落。さらに就労も住居も不安定な親は、行政の救済網からも零《こぼ》れ落ちてしまうという問題。本件は、二〇一三年に懲役三〇年の判決が確定した。積極的ではなくとも殺意が認められるとの事由からである。妥当か否かの判断も含め、虐待問題の複雑な位相を理解するために、ぜひ一読されたい。

フランシス子へ

（吉本隆明 著）

個人的なことで誠に恐縮だが、私は吉本隆明さんの講義ビデオ収録のため、お宅に通っていたことがある。愛猫「フランシス子」ちゃんも「シロミ」ちゃんも、見たり撫《な》でたり機材に乗られたりした。その猫たちの気配とともに、歌うような語り口の吉本さんが、見事に再生される本である。

猫は自分の「うつし」だそうである。「猫さんと一致した『瞬間的な自分』と一致できない『人類としての自分』」が、別々に出てくることがある。人間には、人類の枠組みでは収まりきらない何かがあって、どこかに猫類の自分がいるのではないか、とも。

ふと、晩年盛んに「自然」と詩の関係を強調されていたことを思い出した。自然への目配りは、定型詩はもとより、四季派以下の口語自由詩の生命線である。戦後現代詩はある意味これを排してきたが、詩人・吉本隆明は特異なまでに自然を歌った。あれらは猫の視点から書かれた作品であったか……などと感慨に耽《ふけ》りつつ。

犬心

（伊藤比呂美 著）

かつて子育てエッセーというジャンルを切り開いた詩人・伊藤比呂美が、今度はペットロス・エッセーを書きあげた。一四年間、カリフォルニアでともに暮らしたジャーマン・シェパードのタケ、その最期の一年間の記録である。

とはいえ、これは感涙を誘う愛犬物語などではない。そこにあるのは、むき出しに展開する生老病死。かつて強く誇り高かったタケが徐々に弱り、好きなものに興味を失い、やがて肛門《こうもん》の筋力まで失って粗相をするようになる様はなんともせつない。伊藤の実父もまた要介護で、タケより少し前に亡くなってしまう。浮き彫りになるのは、人間の老いへの動揺に対して老いても変わらぬ「犬心」。だが、死は確実に日常を侵食して行く。

動物病院で、あるいは遺骨の引き取りの際に、伊藤は「タケの母」を名乗る。ふと子育て時代を思い出すが、今回は介護し看取《みと》る母だ。一方、当時作品に書かれた長女カノコさんは出産し、伊藤は祖母に。逞《たくま》しい命の騒乱記は続く。

生そのものの政治学（ニコラス・ローズ 著）

一九八四年に亡くなったミシェル・フーコーによる「生政治（biopolitics）」という術語。それは、近代化以降の統治のあり方を示す重要な概念である。かつて政治権力は、人々を生かすか殺すかの厳しい選択を通して行使された。だが近代化以降、権力は人々の生の管理を要請し、人口規模と質、生殖と人間のセクシュアリティー、家族関係、健康と病気、誕生と死などの課題にとりくむ必要性に迫られてきた。この詳解や現代的意義について論じた言説は多いが、本書は今日的課題を果敢に検証し体系立てた点で、類書から一頭地を抜く。

著者は二一世紀の生政治の分析のため、「分子化」「最適化」「主体化」「専門知識」「生（バイオ）経済」の五系統からの分析を提唱する。今日、生物医学は生を「分子」レベルまで分解して理解し、バイオテクノロジーは「最適化」のため生物学的な有機体の概念そのものまでも変化させる。それは、病気治療のように問題に後付けで対処するのではなく、DNA解析に代表されるように、予見的に生命の未来を形成しなおすのである。それらは個々人の身体へと働きかける選択を通じ、「主体化」される。ダイエット、タトゥー、美容整形、性転換、さらには臓器移植に至るまで、今や身体と生命力は人間にとって「自己をもちいた実験をおこなう特権的な場所」となった。同時に安楽死やヒトクローンなど倫理学の俎上《そじょう》に載る事例も増えた。

健康への視角は、政治家以上に医学の専門家たちによってもたらされている。各種療法士やカウンセラーなど新しい専門家たちは、より広範囲に生そのものへと介入していく。構造を下支えするのは、巨大資本による「生経済」だ。成長著しく、グローバルに展開する生命市場。批判はたやすい。だが私たちは、もはやこの渦中で自己の身体や生そのものを形成している……繰り返される主張に、新たな人間学の必要を思う。

黒猫のひたい

（井坂洋子 著）

妙に言葉の座りが悪い日がある。正確に書いたつもりなのだが、その正しさがいけない。事物が上手《うま》く捕まえられない。そんな時、染み入る言葉を持つ人である。普段見えない空隙《くうげき》を縫い取るように紡がれる文集。日常の断片というより、日常の先に口を開けている名づけ得ないものたちが、丹念に描かれていく。

飼っていた黒猫が、親友の猫を亡くし眠り続けた日の思い出。「黒い額に私の額をつければ、しんとした回廊がつながった」。裏磐梯の風景に響き渡る風の音は、「雨より不安定で少々不穏だ。その不穏さが、ぞくぞくするようでいい」。あるいは、ある老人が亡くなるまで過ごしたという部屋を見たときの感動。「その部屋の物たちは、人の空虚を見事に埋めていた」、その「矜持《きょうじ》の匂い」。それは釈迦が寂滅する時に、周囲を取り囲み見守った動物たちのようであるという。人の心の澱《おり》、と呼ぶには爽やかすぎ、機微、というには重厚な言葉たちが琴線に触れ、鳴る。

荒神

（宮部みゆき 著）

徳川綱吉治政の江戸時代。東北地方南部の小平良山《おたらやま》を挟んで隣接する永津野《ながつの》藩と香山《こうやま》藩は、かつては主従の関係にあった。関ケ原の合戦の際、西軍についた永津野を裏切り東軍についた香山藩は、領地を安堵《あんど》されて現在に至る。永津野からすれば香山藩は、自分を裏切った配下の土豪がかすめとった領地。香山藩からすれば永津野藩は、敵愾心《てきがいしん》の対象……、とすでに太平の世にありながら、いやそれだからこそ余計に不穏な空気が渦巻いている。その最中、香山藩の山間にあり、永津野藩との国境に近い仁谷《にだに》村で、農民の謎の逃散《ちょうさん》が起きる。この事件には、ただならぬ怪物の気配が潜んでいた。

物語の中軸を担うのは、貪欲《どんよく》だ。その権化のような永津野藩重臣の曽谷弾正《そやだんじょう》が人の業を見事に体現する。弾正は、養蚕業を起こすなど永津野藩の財政を立て直す手腕に長《た》け、藩主の信頼を勝ち取り、やがて「牛頭馬頭《ごずめず》」と呼ばれる角《つの》の生えた黒面をつけた武装集団を率いて、従わぬ者には圧政を敷くに至る。中盤から後半にかけ、弾正とその双子の妹・朱音《あかね》に幾重にも課せられた過酷な宿命も明らかになる。

貪欲へと結実せざるを得なかった人々の切なる願いが、やがて闇に飲まれ、おどろおどろしく膨れ上がるように、「荒ぶる神」のもとに集結する。仁谷村の生き残り・蓑吉《みのきち》の語る「がんずく」の語感が表すように、がつがつと恨みを放ちながら、どこまでも食らいつくし、腹がくちくなれば吐き、そして食らう。決して満たされることのない怪物の姿は、恐ろしくもやがて哀れだ。

怪物に相対した時の、登場人物の思惑の違いもまた、物語に百花繚乱《ひゃっかりょうらん》の火花を散らせていく。恐怖、力、使命、好奇心、そして慈愛……。すさまじい臭気を放ち、見る者の心情まで同期し描かれる怪物は、主体なき欲望の器であるがゆえに、あらゆる者の感情を激しく振幅させる。他方、感情を排し、匿名の役割と化した弾正の牛頭馬頭は、彼らと対照的だ。異形の仮面をかぶる牛頭馬頭と、有象無象の恨みの塊と化した化け物はともに人を狩る。固有性なき力の発動は、ただひたすら相手を破壊するのみ。圧倒的な剥奪《はくだつ》から生まれたからこそ、荒ぶる神は貪ることを宿命づけられているのだ。

気配から痕跡へ、やがて実体化してくる怪物との戦いの描写が、中盤から後半にかけ速度を増し、業の深さやおぞましさを突き破り、爽快ですらあった。やがて怪物は、人々の理性の彼岸に立ち、技術と貪欲を架橋してしまう。真におぞましいのは、人か、怪物か……？　その顛《てん》末《まつ》は、ぜひ本編でお読みいただきたい。最後に一言、ゲーム化を待望する。

宙・有　その音

（那珂太郎　著）

二〇一四年六月に亡くなった詩人・那珂太郎の遺作。最後の本になるだろうとつけられた題名の「宙」とは自分の周りの無限を思わせる空間、「有」とはその空間に存在するであろう、多数の多様な物たち。それらを通じ無に帰す宿命の生を描いた、という。

本書を通読し、あらためて生涯を通じ、その詩論も作品も、音韻やリズムへの傾倒により貫かれた詩人と確信した。詩の言葉や詩作することそのものを先導する「音」の磁力。それは、萩原朔太郎をはじめ多くの先達を読解する際、独自の視点をもたらした。現代詩のほか、評論、追悼文、そして真摯《しんし》な対談の数々には、短詩型の評価と現代詩との差異、さらに双方の可能性についてのエッセンスも盛り込まれている。さらに近年編んだ俳句作品も所収。贅沢《ぜいたく》な本だ。「さゆりてふ名のゆかしさよゆらゆるる」。しみじみ、那珂調の音韻俳句。「春うららいのちあるものみなかなし」。本当に。心より、ご冥福をお祈りする。

石田徹也ノート

（石田徹也 著）

石田徹也の作品を初めて直《じか》に見たのは二〇〇八年、「僕たちの自画像」展だった。見終えて出ると、視界が変わっていた。現実への焦点の絞り方が書き換えられ、日常と見慣れぬものが淡々と交錯していった。石田はこれより少し前、〇五年に亡くなったと聞いた。

本書には「石田徹也展」出品作を中心に、代表作が多数所収。下絵やメモも盛り込まれ、創作の意図や方法論がうかがわれる。思考の跡を記した「ノート」は五一冊に及び、綿密に計算しつつ一気に離陸し、かと思えば日常と奇妙に接続する世界観に触れることができる。九〇年代によく描いた機械と融合する無機質な人物像から、〇〇年代の有機的な生生流転モチーフに至るまでの濃密な時間が展開する。

繰り返し描かれる自画像は、自我や主体を表明するよりも、むしろそこから離脱し、日常性を脱臼《だっきゅう》させていく。テレビと、トイレと、戦闘機と、あるいはダンゴムシと……、さまざまなモチーフと融合する「自分」。これらの作品が描かれた九〇年代は、確固たる主体や自我が疑問視された時期だ。また七〇年代初頭生まれの石田や私は、最後の戦後昭和的量産型の子どもたちである。石田は、ノートにこう綴《つづ》っていた。「他人の中にある自分という存在を意識すれば、自分自身によって計られた重さは、意味がなくなる」。その没個性や匿名性について「落たんするのでなく、軽さを感じとること。それがユーモアだ」と。

オリジナリティーそのものへの真摯《しんし》な問いは、やがて没我の極みともいえる自然の生成力や死と再生を想起させるモチーフ――幼児やベビー用品、植物や海へと至る。痛み、悲しみ、怒り、そして諧謔《かいぎゃく》など、さまざまな表現で説明される石田の作品だが、なぜかどれもしっくりこない。ただひたすら強い視力で見た世界を、その強度のままに描いて見せてくれたことに、感謝と哀悼の意を表したい。

読み解き「般若心経」

（伊藤比呂美 著）

息子が一歳のときである。突然夫の教職員証に貼られた写真を指差し、「パパー！」と言い、声をあげて笑った。写真が自分の父親を示すことが、急に分かったらしい。思えば、あれは実物と象徴の間が架橋された瞬間であった。同時に「もの」と「ものが名指すもの」がつながり、やがてそれは、人間存在を構成する様態へと接続していく……。本書を読み、そんなことを考えた。

般若心経「照見《しょうけん》五蘊《ごうん》皆空《かいくう》」の「五蘊」とは、一般に、原始仏教以来の存在分類法である。これは、生命的存在「有情《うじょう》」を構成する五つの要素、すなわち「色《しき》」、「受《じゅ》」、「想《そう》」、「行《ぎょう》」、「識《しき》」を意味する。蘊とは何か。この場合、「部分・部門」の意味でとらえるのが一般的。有り得べき現実それぞれの部分を総じて取り集めた様態、それこそが五蘊。伊藤は娘のイデア「カノコ」の口を借りてのびやかに説明する。「ごーおんって、あたしたちが信じている現実っていう過程をanalyze《ぶんせき》してるの」。「ことばだってさ、ごーおんがないと、ありえないんだよ」「あたしたちが信じてることを、ぜんぶ『ない』っていってるわけじゃないんだけど、ちょっと止まってanalyze《ぶんせき》してみなっていうのが『般若心経』だと思うんだよね」と。

圧巻は、般若心経をはじめとした経文の「現代詩訳」。言葉の成立基盤の下部にすらもぐりこむ、意訳ならぬ心訳ともいえる。たとえば、件の般若心経「色即是空《しきそくぜくう》。空即是色《くうそくぜしき》。受想行《じゅそうぎょう》識《しき》。亦復如是《やくぶにょぜ》。」は、「『ある』と思っているものは　じつは『ない』のである。／『ない』と思えば　それは『ある』に　つながるのである。／／『感じとる』。／『みとめる』。／『考える』。／『みきわめる』。／どれもまた　そのとおり。」

あるはなく、ないはある。今あるものは、瞬く間に今あるものではなくなる。何も得られないことこそが永久不変の真実。その境地では、いかなる苦も消滅する……。

それにしても、経文が韻律を与えられ、詩として跳躍するさまは見事。美しいと思ったのは、「四奉請《しぶじょう》」の現代詩訳。「散華楽《さんかーらく》　散華楽《さんかーらく》／奉請《ほうぜい》十方《しーほう》如来《じょらい》入《じ》道《とう》場《ちょう》散華楽《さんかーらく》」は、こうなる「お花を散らしてございます。音楽も奏でてございます。／お花を散らしてございます。音楽も奏でてございます。／十万においでの／真理の道から来られる如来さまがた、／どうぞおはいりください、お花も散らしてございます。」と。こんなにきらきら響くとは。

経文の解釈と並行して、伊藤の周囲では友人が亡くなり、母も父も高齢で弱り、ときに記憶の混濁した状態で会話する。やがて、母は亡くなり、恩人は亡くなり……、死と苦は容赦なく降りかかる。次第にどちらが無常であるのか、混沌とからみあってくる。無理に隔てる必要はないのかもしれない。「常なるものは何もありません／生きて滅びるさだめであります／生きぬいて、滅びはて／生きるも滅ぶもないところに／わたくしはおちつきます」（「無常偈《むじょうげ》」より）。

IX

逍遥《さまよ》う——アート、空間、あなたと私をつなぐもの

「アンディ・ウォーホル」展

アンディ・ウォーホル（一九二八～八七年）の個展を「美術館」に見に行くこと。この行為それ自体が、奇妙にねじれた意味を含んでいる。通常美術品とは、日常から遊離した美的な世界を見せるもの、そして美術館はそのための舞台装置だ。周知のように、ウォーホルの作品は、日常と地続き、あるいは日用品の意味をあえてねじ曲げ、美術品の枠づけを与えたものが多い。たとえば、有名な「キャンベル・スープ缶」にしても、もし彼が日本人だったならばインスタントみそ汁のパッケージを大量に描き連ねるようなものである。

ウォーホルが取り扱ってきたのは、大量生産・大量消費や複製品の氾濫、さらにメディアが日常を席巻しているという社会の様態であり、そこには既存の美術作品がもっていた美的な威風も権力も不在。今なお日常に点在する「ウォーホル的なもの」を指し示すことこそが、彼の作品を理解することではないのか。しかも情報技術は、確実にこれを加速した。だとすれば、彼の「作品」を見るため、美術館に赴く意味とは何だろう？

だがこの疑念は、森美術館（東京・六本木）に足を踏み入れるや消し飛んだ。この言い方が、何だか美術評論のテンプレ（複製品を作成する際のひな型）のようで嫌だが、あえて言おう。ここに展開しているのは、彼があらゆる現代社会の「ひな型（テンプレ）」の上で遊んできた足跡である。

たとえば五〇年代の「ブロッテド・ライン（しみつきの線）・ドローイング」を用いた独特の繊細な線を基にしたイラスト。あるいは、唇や星など、ゴム印を繰り返し押して彩色した作品。いずれも複製のひな型と手作業の組み合わせが独特の風合いを醸す。大量生産ゆえのずれ、ひずみ、偶然性。これらは複製を前提とするがゆえのノイズだ。

やがて訪れた六〇年代のシルクスクリーン時代はノイズ除去《リダクション》期と素朴に捉えていたが、それはいい意味で裏切られた。派手な彩色で有名な「マリリン・モンロー（マリリン）」（六七年）の一連の作品より前、マリリンの訃報直後に描かれた「二つのマリリン」（六二年）は、実にノイズの塊である。左側は顔を完全に塗り固められ、右側はざらついた印刷不良のような肖像画だ。この明るい色彩の沈鬱《ちんうつ》なマリリンを前に、しばし言葉を失う。

さらに、鮮やかで沈鬱なのは「$（9）」（八二年）。目に痛いほどの明るい黄色を背景に派手なドル記号が乱舞し、ときに線が記号から滴り落ちるかに見える本作は、経済と記号消費の躁《そう》病を示すかのようである。やがてこのモチーフはバスキアとの共同作業にも受け継がれ、アメリカ海軍旗の言葉「私を踏みつけるな」とともに、一層メッセージ性の濃い作品に転化する。

だが、この「オリジナル」の一点の曇りなき不気味さはどうだろう。

蛇足ながら、六歳の長男を連れて行ったのだが、歓声を上げて大喜び。作品に近づきすぎて、美術館員のみなさまに注意を受けること数度。この場を借りておわびしたい……。とりわけヘリウムガス入りの「銀の雲」の舞うインスタレーションでは、遊びたがって大変だった。

もっとも、ウォーホルは子どもが大好きで、「玩具の絵画」シリーズは、わざわざ子どもたちの目線の位置に掛けるよう指示したそうだ。この社会を遊び続けたウォーホルは、死後なお熱く注がれる子どもたちのまなざしを、どんな風に思っているのだろうか。

「岡崎京子」展

雪の間隙《かんげき》を縫って、世田谷文学館で開かれている「岡崎京子展　戦場のガールズ・ライフ」を見てきた。入ってすぐ正面には、『リバーズ・エッジ』表紙の絵。よどんだ寒い河原の風景を思いながら中に進むと、そこはたしかに岡崎の世界だった。

誌面で見た、余白が多くその分疾走感あふれる岡崎の作品は、原画で見ると風合いが異なる。特に初期は一見描き込みが少なく、インディーズバンドが自室で録音したデモテープのように軽快な印象だったが、原画は対照的に、濃密な意志を込めて時代を切り貼りしているように見えた。切断された線の数々は、女の子たちへの戦闘指揮系統のようにも見えた。

女の子は、永遠に「自由」のペーパードライバーなのだと、思っていた。一〇代はじめのころだ。自由であるための権利はタテマエ上誰にでも開かれているが、その実「社会」はいつも、女の子に条件つきの自由しか認めない。女の子が最も行使しにくい権利とは何だろうと考え、ふとそれは堕落する権利ではないかと、思い至った。「女のコはいつもキチンとキレイにちゃんとしてなきゃいけないって」。『pink』のヒロイン、昼はＯＬ、夜はホテトル嬢の由美子のせりふを読んだときだ。一九八九年、昭和がおわった年である。

由美子は、物欲を我慢しない。かわいい部屋に住み、マニキュアをきっちり塗って、寝る前のリップクリームも忘れない「女の子のプロ」だが、そのキレイでおしゃれな生活のため、体を売る。売春という、主流文化から見れば「女の子最大の堕落」を、女の子が女の子であるためにあえて行うという転倒の戦略に、私はくらくらした。

そう。岡崎京子の描く女の子は、いつだって、全力で女の子の堕落権のために戦っている。それは平穏で平坦《へいたん》な表の世界の欺瞞《ぎまん》を飛び越える、究極の自由権だ。「世の中みんな　キレイぶって　ステキぶって　楽しぶってるけど　ざけんじゃねえよって」。『リバーズ・エッジ』で河原の死体を見ながら、ヒロインの後輩・こずえが言ったせりふは、この象徴である。

八〇年代、「自分のため」に堕落権を行使した岡崎京子のヒロインは、やがて九〇年代は不特定多数の「みなさん」の欲望の対象となることを欲望する。『ヘルタースケルター』の全身整形美女、りりこがそれである。みなさんが好むことを語り、みなさんが望む演出を行い、すべてが「うそ」。そうでありながら「そうよ　あたしはあたしがつくったのよ」と宣言する……。このめまぐるしい主客の攪乱《かくらん》。展覧会場の中ほど、壁を覆うりりこの絵は、殉教者のように神々しく、痛々しい。彼女こそ、後期資本主義社会のサイボーグ神だ。

『リバーズ・エッジ』ブースに浮かぶウィリアム・ギブスンの詩の一節「平坦な戦場で　僕

らが生き延びること」を読み、もっとも傷や陰影なく「平坦」であることを望まれるのは、ほかでもない女の子たちなのだと再認した。それゆえ、逆説的に最前線の兵士となる女の子の宿命を思った。岡崎の掲げた女の子のための自由の旗を思った。深く、強く。

「山口小夜子」展

おかっぱの黒髪、白い肌、切れ長の目、そして紅い唇。山口小夜子（一九四九〜二〇〇七年）の名前とともに私たちの脳裏に浮かび上がるのは、あまりにも鮮明な「日本女性美」のイコン（聖画像）だ。だが、ふと思う。この美は普遍のものであったのか。

戦後日本社会の美意識は、かつて経済成長の波に乗り、アメリカ型消費社会のそれに侵食されていた。伊東絹子が「ミス・ユニバース」三位に入賞し、西欧女性に近い骨格を持つ「八頭身美人」と称賛されたのが一九五三年。小柄でも均整の取れた「トランジスタグラマー」が流行語となったのが五九年。西欧女性の彫りの深い顔立ちやメリハリのきいた体形を「基準」とすれば、おのずと劣位になってしまう日本女性たちの前に、突如「伝統の再発見」を身にまとい登場したのが、山口小夜子であった。

彼女がモデルとして活動を開始した七〇年代初頭は高度経済成長期末期であり、消費社会が成熟し始めた時期でもあった。旧国鉄が「ディスカバー・ジャパン」キャンペーンを展開し、富士ゼロックスが「モーレツからビューティフルへ」のキャッチコピーを打ち出したこの時期、日本の美意識はようやく、「脱戦後」を果たしたのかもしれない。専属モデルを務めた資生堂のポスター群を見て、そう確信する。たとえば「かざらない唇ほど美しい。」のコピーが躍る「京紅」ポスター（七八年）は、ひそかな日本女性美の国土回復宣言のようにも見える。

このころから世界を舞台に活躍した三宅一生、高田賢三、山本寛斎らデザイナーが山口小夜子を起用したのは歴史の必然であった。西欧式の美学、とりわけ西洋人女性型の美に反旗を翻し、非西欧圏のフォークロアや色彩の美学を展開した彼らにとって、山口小夜子という「再帰的な日本女性美」は、出会いが予定されたミューズであった。

同じく戦後大量消費社会の中で抑圧されてきた美意識の結節点として、寺山修司らの演劇や舞踏など、アンダーグラウンドな文化領域と彼女が共闘関係を結んだのも、宿命的である。山口小夜子には、さまざまな文化的支流が流れ込んでいる。

経済も美も、西欧へ追いつけ追い越せからの路線変更を成功させた彼女は、当の西欧の舞台で絶賛される。パリコレでの成功や米誌ニューズウィークでの絶賛は、今様のオリエンタリズム（東洋趣味）でもあった。欧米の有名デパートに置かれたというSAYOKOマネキンを眺めながら、「量産される山口小夜子」に目まいを覚える。この美の革新性のひとつの極点は、晩年取り組んだ雑誌の企画「蒙古斑革命」だろう。アジア人の美という焦点が、非西欧というくくりを超え、単なる異国趣味をも乗り越え、悠然と示されている。

美とは何か。この問いに対し有史以来大量の表現がなされてきたが、文字通り全身で問い続け、華麗に成功した人はそうはいない。あらためて、その早すぎる死を心より悼む。

「ここはだれの場所?」展

〝四者四様〟の展示室に入ると、通常関知しないようオフにしていたスイッチが、爽快なノイズとともに次々始動する。二〇一四年に急逝したデザイナーのヨーガン・レール「地球はだれのもの?」は、カラフルな廃棄物のオブジェの数々が、会場を埋め尽くしている。そこは、自然環境を侵食する異物の百花繚乱《ひゃっかりょうらん》である。

レールが住んだ石垣島の浜辺で、散歩のたびに目にした、多くはプラスチック製品の醜い残骸。それらを組み合わせ、幻想的な電灯が並ぶ。それはさながら、死にゆく自然を悼む盆灯籠だ。

岡崎乾二郎「美術館はだれのもの?」は、突如出現した秘密基地のような空間。中に入れるのは子どもだけで、大人はのぞき込むことしかできない。あるいは、糸電話で中の様子を教えてもらえる。美術館とは、普段子どもをこんなふうにはじき出す空間だったのだと思い知らされる。

会田誠・岡田裕子夫妻と、中学生の息子・寅次郎の「会田家」が提起した「社会はだれのもの？」の展示室には、見学者のクレームを受け、美術館側とひと騒動あった作品がある。「檄《げき》文《ぶん》」と題する作品は、天井からつるされた大きな布に「文部科学省に物申す」と墨書きされ、「もっと教師を増やせ」「従順人間を作る内申書というクソ制度」などという言葉が並ぶ。強い問いと感情があふれ、あらためて学校とはだれのものだろうと考えさせられる。奥には首相に扮《ふん》した会田誠がたどたどしい英語で、グローバル化時代における鎖国の必要性を演説する映像が流れる。視点を少しずらして見れば、こんな「正しさ」が浸透した社会もあり得たかもしれない。

個人的には、岡田裕子の映像作品「愛憎弁当」に、目がくぎ付けになった。料理研究家に扮した彼女が、世界中の料理をボウルに放り込み、「壁」を取り払うべく最終的にはすべてをミキサーにかけてどろどろにしてしまう……。グローバル化とローカル文化の葛藤と、それに対する性急な反応を想起させられる怪作だ。

会場片隅のちゃぶ台前には会田誠本人が座り、いろはかるたの版画の原画を製作中。コンクリートの割れ目から、自然の生成力を象徴するように羽ばたこうとする昆虫の画が目に入った。「これは、何ですか」。思わず会田にたずねると「国破れて山河あり、です」。「力強い虫の画ですね」「ゴキブリです」「え？」「人間が滅んだ後の世界で、がれきの間から飛び出そうとする、ゴキブリです」。人間の社会が壊れた後の世界では、生命力の塊であるゴキブリが、こんなふうにひたすら羽音を鳴らすのだろうか。

最後は、アルフレド&イザベル・アキリザン「私の場所はだれのもの?」。段ボール製の都市空間が無数に屹立《きつりつ》する。段ボールに印字された商品名やロゴなど多様な言語がちりばめられ、生活の息づかいの断片が躍る。

人が人とともにあるとは何か。場所をともにするとは何か。そんな問いをかみしめながら、会場を後にした。

「ここに棲む」展

秋の前橋駅に降り立ったとき、萩原朔太郎の詩「帰郷」が浮かんだ。「汽車は烈風の中を突き行けり」の通り、道路幅が広く、その分、風が勢いよく吹き抜ける街である。アーツ前橋は、もともと西武デパートであったという。白く丸みを帯びた壁の風合いが、たしかに一九八〇年代のセゾン文化をほうふつとさせる。

ふと、生前お世話になった詩人の辻井喬さんを思い出した。もともとデパートで美術展などの文化事業を始めたのは、堤清二としての辻井さんだった。なるほど、こんなふうに美術館への転用も可能なわけだ。

「ここに棲《す》む　地域社会へのまなざし」展の会場に入ると、多種多様な建築や「棲み方」が紹介される。真っ先に目につくのは、藤野高志の生物建築舎による縦に伸びた箱庭のような居住空間モデル。頂に伸びる植物群と、ワゴンセールのように積み上げられた建築模型が印象的だ。

感心させられたのは、アトリエ・ワンと福祉楽団が示す、福祉サービス受給者を区分しないというコンセプトの建築デザイン。「多古新町ハウス」は、高齢者と障害児のデイケア施設がL字形に配置され、近所の小中高校生が自由に利用できる「寺子屋」も併設。そこはトイレがないため、子どもたちがデイケア施設にトイレを借りに出入りし、日常的に滞留する空間となっているという。

「棲む」ことの時間軸を引き延ばして見せるのは、黄色が目に鮮やかな小林エリカの「半減期カレンダー」。女性たちのイラストが描かれ、小林の「母」たちのライフヒストリーが展開する。「母の母の母にあたる武藤ヨキがちょうど三歳」だった一八九六年、東北を津波が襲った。同じ年にレントゲンがエックス線を見いだし、その後ベクレルが放射線を発見。一九〇二年にはキュリー夫人がラジウム抽出に成功した。ニュースで「ベクレル」という言葉を聞くたびに「私は母を、母の母を、母の母の母を」思い出す、とある。ラジウム226の半減期は一六〇一年なので、キュリー夫人が手にしたそれが半減期を迎えるのは三五〇三年。「そこにいるのは、五三代目の子どもということになる」の一文に、静かな戦慄《せんりつ》を覚えた。

黒板には、一〇月二四日に開催された「新しい家族」のための住まいを考えるワークショップでの議論の一端がうかがえる。赤城山や「自転車をのせられる」と書かれた上毛電鉄と宿泊施設が併置されている。風土、移動、定住の関係は、今後どのように変わるのだろう。

私たちは今、あらゆる地域から土地の固有性が脱臭されて久しい社会に棲んでいる。巨大で均質な建築群に対し、ケネス・フランプトンは「批判的地域主義」を唱えた。この視座は、「棲む」ということの現象学的解釈を基盤としている。なるほど、「棲む」ことは、確実にその場所に関する人間の感覚を変えて行く。生活の場としてなじんだ土地は、ただ美しいと思うだけの風景ではなくなる。そこは自分の身体感覚の一部となり、触覚に近い感覚が芽生えてくる……などと考えながら、朔太郎に会うため、今度は前橋文学館に向かった。

「サイモン・フジワラ　ホワイトデー」展

　バレンタインデーが、苦手だった。正確には、この時期噴出する周囲の女の子たちの呪術的恋愛観が苦手だった。やれ、彼の家の方角を向いておまじないを唱えながらチョコを混ぜ合わせるべしとか、自分の香水や指の血を混ぜたチョコを渡すべしなどという、危ない呪術まで飛び交っていた。

　諸説あるが、バレンタインが日本型恋愛消費市場に普及したのは一九七〇年代という。返礼としてのホワイトデーが定着したのは八〇年代だそうだが、そちらは記憶にない。バレンタインの呪術性が不気味すぎ、学生時代にはチョコなど渡さずじまいだったからだ。

だから、サイモン・フジワラの展覧会名が「ホワイトデー」と聞いたとき、正直見るのが怖いと思った。だが、本展覧会には良い意味で予想を裏切られた。消費や贈答のモチーフに、これほどえたいの知れない清涼感を覚えたのは、初めてだ。

　会場に足を踏み入れると、まず置かれているのは英国のデパート「ハーベイ・ニコルズ」の白い紙袋に入った、たっぷりの白い毛皮。「ホワイト・ギフト」と名づけられたそれは、生命と商品の間を毛の空気感で満たすかのようだ。

会場中央広間に進むと、ばらまかれているのは「コイン」。かつてメキシコのプランテーションでは、経営者が独自の通貨を発行し賃金支払いに使用していたが、使えるのはプランテーション内の商店に限られ、賃金は結局経営者に戻る仕組みとなっていたとの説明文に、戦慄《せんりつ》する。展示された「扇子」の材料は、第二次世界大戦中の日本軍が占領下のフィリピンで発行した軍用手票だという。本来生々しい貨幣が、不思議と貨幣の生々しい交換価値から逸脱していく点が誠に興味深い。

通常、贈与と返礼のルールの中では、「お礼の気持ち」がはがれ落ち、後には重苦しい義務だけが残る。だが、ここでは消費や贈答を象徴する「貨幣の肉片」のごときものたちが、逆説的に欲望の重苦しさ自体を脱臭していくようだ。この消費の脱臭への試みがより鮮明なのは、インスタレーション作品「驚くべき獣たち」。大量の小動物の皮をはぎ合わせて作られる皮加工製品が、生の皮から商品に脱臭され、それゆえ高度な「素材」性を強調するさまが見事。

会場内、もっとも大規模に展開する作品は「レベッカ」。レベッカは二〇一一年のロンドン暴動に参加した貧困層の一六歳で、更生プログラムの一環で中国へ送られ、兵馬俑《へいばよう》を訪れ、自分自身も工房で型取りされて石こう像が造られた。そんなグローバル化時代のおとぎ話のような映像が流れる中、彼女型の石こう像の間を歩いた。きれいなレベッカ、ひびが入ったレベッカ、脚だけ、頭だけ、胴体だけのレベッカ……。

かつて権力と中央集権の象徴であった兵馬俑が、こんなふうに市場と国境をくぐり抜け、「大量生産」されるのか。この静謐《せいひつ》な、乾燥したたたずまいを見てから、中央につるされた架空のサラリーマンの巨大な「名刺」を見ると、本展示で一番グロテスクなのはこれではと思えてくる。「交換」される肩書の空疎さと対照的な、重苦しい職務よ……。

「吉増剛造」展

詩を、他の言語表現から分かつものは何か。一フレーズごとの短さ、通常の意味や文法を無視した表現技法など目に見える詩と散文の差異は、氷山の一角にすぎない。一般に現代詩は「難解」だと言われる。私見では、詩は難しいのではない。ただただ、「速い」のだ。

詩情はいつも、言葉以前の何かが、意味に射貫《ぬ》かれ発現するよりも先の場所を飛ぶ。中原中也ならば「名辞以前」と呼び、吉本隆明ならば「自己表出性」と呼んだような表現のゼロ地点にある「何か」は、詩の速度によってのみ、辛うじて言葉の形態をまとうように見える。そして間違いなく、今生きている書き手の中で、吉増剛造は最も純度の高い詩の速度をもつ詩人の一人である。

「声ノマ　全身詩人、吉増剛造展」は、現代詩人の作品を美術館で展開するという異色の試みだが、詩に限らず映像や写真、パフォーマンスなど領域を越境して活動する吉増には、むしろふさわしい展示となった。九つに分けられた展示室は、(1) 日誌／(2) 写真／(3) 銅板／(4) 声、カセット／(5) 原稿／(6) 映像／(7) 新作詩「怪物君」／(8) 現代美術家・演出家の飴屋法水による「怪物君」世界をモチーフとした展示／（9）舞踏家・大野一雄と吉増とのコラボレーションの記録映像、から成る。これらを貫くものは、吉増の「声」、より微細には振動、共振であろう。

圧巻は、会場を囲むように壁に並ぶ、東日本大震災を機に書き進められた「怪物君」の生原稿だ。母音から始まる鮮烈な音韻の打刻から開始されたそれは、読めば吉増の音の世界に引き込まれていく。印字された詩集の紙面を読むよりもずっと、刺激的な詩の肉声。ときに絵筆が原稿用紙全体を勢いよく鮮やかな青や緑で囲み、ときに全面を赤く染めて何かの禁止記号のように真っ青な斜め線を入れ、あるいは緑と赤がせめぎ合うように無数の点が踊る。その中で文字は極限まで細かくなり、見ているうちに耳底で音素にまで分解された詩をささやかれるような気分になる。

吉増は内覧会で、「怪物君」冒頭の「アリス、アイリス、」「イシス、イシ、リス」「兎（ウッ）！　巨大ナ静カサ、乃、宇！」に見られるように「三行のＡＩＵ」の「音韻の小箱」を作り、「音と言葉の間の妖精のようなものをつかまえないと詩は動きださない」と語った。作品を書き進める最中に知った吉本隆明の訃報に触れ、吉本が若き日につづった数百編から成る詩「日時計篇《へん》」を「怪物君」の中で書き写すことを思い立ったという。「全身詩人」とは、吉本が吉増を評した言葉だった、とも。

ふと、「日本語のゆくえ」講義にて吉本が語った「吉増さんは句読点とか濁点、エクスクラメーション・マーク、そういうものまで言葉として使っています」との言葉を思い出す。一方、吉増は「根源の手が、内臓から伸びて動いているようだった」吉本を考えるため、喪にこもるようにこの作業を進めた、という。言語外の記号にも、この二人は詩情の共振を見たのだろう。震災という多声の死に感応し、かつ吉本の死に詩の共鳴をもって応えた吉増の「声」に、静かに身震いを覚える。言葉よりも速く、視覚よりも強固に読み手／聴き手に響く作品群は、そこここに「吉増剛造」の切断面をのぞかせてくれる。

さいたまトリエンナーレ２０１６

「さいたまトリエンナーレ２０１６」に赴くとき、若干不安であったのは、典型的ベッドタウンである浦和や大宮のような場所に、果たして土地固有性を基盤とした地域芸術祭は可能なのか……という素朴な疑問であった。

ＪＲ武蔵浦和駅に降り立つと、想像した通り「きちんとした生活」を送る人々を彷彿《ほうふつ》とさせる閑静で陰のない住宅街が続く。高架下を鮮やかな青とオレンジ色にラッピングしたスイスのダニエル・グェティン「STATION TO STATION」をくぐって歩道を歩くと、おや、と思う。タイの漫画家、ウィスット・ポンニミットのイラストが、公共の看板の下にさりげなく置かれていた。「時間の道」と題されたそれは、たとえば「犬のフンの後始末は、きちんとしてね」の犬の絵の看板の下に、ノスタルジックなタッチの少女が苗木を植えているイラストが。「今の私から、将来の私へのプレゼント」と書かれ、公共の看板と不思議と違和感がなく並んでいて面白い。

さらに進むと、同行した九歳の息子が「うわ！」と声を上げた。全長九・六メートルある、ラトビアのアイガルス・ビクシェ「さいたまビジネスマン」だ。黄金色の身体をダークスーツで包んで、右手で頭を支え眠りについている。そうか。まさに、「ベッドタウン」の表現か……。体中に虫がたかり、自然と一体化して安らかそうにも、疲れ切って虫を追い払う体力もない猛烈サラリーマンのようにも見えてきて、ありがたいようなせつないような気持ちになってくる。

やがて国から出向した転勤族の公務員用に建てられた「旧部長公舎」を使った展示会場にたどり着いた。同じデザインの四軒の公舎をアーティストたちが思い思いに改修している。印象に残ったのは、松田正隆・遠藤幹大・三上亮による「家と出来事　1971―2006年の会話」だ。いかにも昭和四〇年代の「いいおうち」風の建物に一歩入ると「のどかわいた」「麦茶あるでしょ」など、ぶっきらぼうで低いトーンの録音された声が響き、リアルさにぎょっとする。そうか、家族「しか」いない家の中で、人はよそ行きの声を出さない。テレビドラマより数段低いこの声音は、不機嫌なのではなく素なのだ。

安定した生活を思わせる家電や家具は、この低い「家族の生活の声」と好対照をなす。転勤族という、土地に根づかず移動し続ける人たちが一時住む家であったこともまた、余計に郊外の場所性を感じさせる。私も相模原市という、住民の多くが別の土地から移り住んで来た郊外育ちだ。平日昼間に夫は家におらず、たまにいるときはこんな声が響き、その家族もすぐ入れ替わっていく。公舎は、そんな生活の声を記憶しているのだろう。

異彩を放つのは、鈴木桃子「アンタイトルド・ドローイング・プロジェクト」。一軒家の白い壁の中で、ひたすら細かくシャープペンシルで描きこまれた火の鳥が舞う。会期後半にこの絵は観客の手で消され、そのことにより生々流転する生命の本質を表現するという。なるほどベッドタウンとは、人が生み出され、あるいは流入し、やがて拡散していく生の循環の起点かもしれない。郊外の生活風景を切り出した他の作品群と、好対照を見せていた。

「デヴィッド・ボウイ」展

音楽、パフォーマンス映像、映画、ファッション、インタビューなど、膨大な展示で二〇一六年に亡くなったデヴィッド・ボウイの世界観を体感できる「DAVID BOWIE is」は、豪華絢爛《けんらん》で破天荒な作品群が、不思議な静謐《せいひつ》さとともに展開している。会場に入るとまず目を引くのは、やはり一九七〇年代の彼だ。

「ジギー・スターダスト」時代の映像に宇宙的な衣装。山本寛斎がデザインした「出火吐暴威」マントや遮光器土偶を彷彿《ほうふつ》とさせる艶やかな「トーキョー・ポップ」ボディースーツ。あらためて、性差を超越した美の迫力を見せつけられる。七二年、ボウイは時代に先駆け自分がゲイだ（実際はバイセクシュアル）と公言したが、それすらもこの圧倒的なビジュアルイメージの前には、小さなことに思えてくる。

代表曲「スペイス・オディティ」のビデオの注釈で、「心の中ではすでにこの楽曲から離れた場所に移行していたから、撮影する理由がよく理解できていなかった」とあるのに苦笑した。代表作にとらわれることへの抵抗が、その後のシングル曲「アッシュズ・トゥ・アッシュズ」

で、「スペイス・オディティ」にも登場したトム少佐を貶《おとし》めることにつながったのだろうか。

絢爛な七〇年代と比べ、九〇年代以降のボウイはクールで確信犯的だ。東西冷戦構造が瓦解《がかい》して以降、グローバル資本主義が世界を覆っていく過程で、サブカルチャーやアンダーグラウンドカルチャーは重層化と成熟を見た。この時代、ボウイも自らの先鋭性を自覚しとらえなおした感がある。アルバム「アースリング」のジャケットで着用したアレキサンダー・マックイーンと共同デザインの「ユニオン・ジャック・コート」を見ながら、そう確信する。

興味深かったのは、視覚表現の斬新さのあまり霞《かす》んでしまいがちな、ボウイの言語表現への探究心だ。生前彼が語った意味深な言葉の断片が映像の上に投影されるステージのような展示は、彼の言語感覚を的確に表現しようと試みたものか。ボウイは作詞に関し、ビートニク詩で用いられた、文章をバラバラにしてつなげ言葉の偶発性を引き出す「カットアップ」の影響を受けていたという。

このカットアップを行うため九〇年代に取り入れた「ヴァーバサイザー」というプログラムが目を引いた。ボウイは「意味と題材と名詞と動詞がぶつかり合っているかのような真の万華鏡」と説明。言葉が主体から解放され、新しい自律性を獲得していく姿は、ボウイの変幻自在な表現スタイルにも通じる。アメリカ現代詩の潮流はこんな風に受け継がれ伝播《でんぱ》したのかと思うと、胸が熱くなる。

「デヴィッド・ボウイが死んだ」という言葉は、いまだにしっくりこない。彼は固有名というよりは、むしろ文化現象だった。ボウイは彼を名づけようとするあらゆるものを拒絶し、多様な表現ジャンルにおけるスタイルの自律性の中に、「デヴィッド・ボウイ」を送り込み続けた。後日、展覧会の図録を見ていたら、息子が「『ジョジョの奇妙な冒険』（荒木飛呂彦の漫画）みたい」だと言う。そう。世界に偏在するデヴィッド・ボウイとともに、私たちはすでに、暮らしているのだ。

「新海誠」展

静岡県三島市の大岡信ことば館で開催中の新海誠展を訪れた。展示フロアに入るとすぐに、新海がほぼ一人で制作した商業アニメ映画デビュー作『ほしのこえ』（二〇〇二年）を象徴する言葉「私たちは、たぶん、宇宙と地上にひきさかれる恋人の、最初の世代だ」がオブジェになって浮かぶ。

大量のテレビモニターの傍ら、新海が制作に使ったパワーマックG4の青と白色のボディーが目に入る。モニターに映るヒロインのミカコと、キーアイテムのモノクロ液晶の携帯電話。『世界』っていうのは、ケータイの電波が届く場所」という少女の世界観と、宇宙と地上に引き裂かれる恋人たちの落差が話題を呼んだのを思い出す。

新海作品では、情報機器のエモーショナルな描き方が、登場人物の間の言葉と距離感を表している。本来つながるためにある機器を持ちながら、伝えたい相手にはつながらず、ただ言葉だけが浮遊する描写が多い。たとえば『秒速5センチメートル』（〇七年）では、伝わらない言葉の象徴として携帯電話が描かれ、やがて物語の中軸を担う喪失へと至った。初期作品のガラケーから『君の名は。』（一六年）のスマホへの変化は、この間に起きた言語感覚の微妙な温度差を表現している。今回の展示は、作品それぞれの主要なせりふを中心に置くが、言葉が物質化し存在感を放っている。

男女のモノローグが同期し、強く共振していく独特のせりふ回しは新海節ともいえるが、『言の葉の庭』（一三年）からは顕著に、音楽によって情感が増幅されるようになった。かつて『秒速5センチメートル』で描かれていたような詩情のうちのいくつかが選択され、残りの余剰が捨象された印象でもある。だが音楽が背景に退いた今回の展示を見ると、映画とは異なる言葉の強度が浮き彫りになる点が興味深い。

とりわけ『君の名は。』は、映画の随所にロックバンドRADWIMPSのストレートに恋愛を歌う楽曲が挿入され、作品を印象づけた。日本でヒットするラブソングは「恋の花」が咲き、二人で「翼」を広げ、ときに強い風が吹き抜けたり同じ月を見上げたり、多くが風景に語らせる「花鳥風月」詞なのだが、展示されている挿入歌の歌詞を改めて読むと、いずれも平明な恋愛詞。新海作品はすでに十分に美しい風景や四季の描写が主軸にあるため、挿入歌はそれをする必要がないのか……などと思う。

全体を通して見ると、新しい作品ほど多くの人が情緒性を共有し得るよう「ポップ」になっていくのが分かる。音楽が朗々と恋愛を歌い、風景は現実を取り込みながら、いつも現実離れして美しい。それが世界と自己との間に横たわる溝を取り払うことに成功しているが、半面初期作品に見られた湿潤な詩情は明るさの中に消散している。『君の名は。』の大ヒットは、詩情よりも強く乾燥した情緒性が求められる時代の象徴かもしれない。

新海誠展を出ると「大岡信の恋」展。ふいに大岡の詩「おまえの手をぼくの手に／おまえのつぶてをぼくの空に　ああ／今日の空の底を流れる花びらの影」（「春のために」より）が頭に浮かんだ。

「長島有里枝」展

一九九〇年代は、「家族」と「性」の騒乱期であった。九一年、人気絶頂だったタレント・宮沢りえが、一八歳のヌード写真集『Santa Fe』を刊行。それまで日本では隠蔽《いんぺい》されてきたがゆえにガラパゴスな価値があった「ヘアヌード」が、一気に解禁されていった。九〇年代半ば、「援助交際」がメディアを賑《にぎ》わせ、売春のカジュアル化が起こった。旧来の家族役割も解体し、人々は個人主義の傾向を強めていく。この時期「プリクラ」がブームとなり、刹那的な「今」を切り取る若い女性が増え、「ガーリーフォト」と呼ばれる女性写真家による潮流が出現。東京都写真美術館で個展が開かれている長島有里枝は、その中でも一頭地を抜く存在だった……。

こう要約すると、違和感が途端に沸き上がる。この時代の表現が「男性目線」に依拠するから、などという単純な理由ではない。長島が自分や家族のヌードな日常を撮影し、鮮烈なデビューを飾った「Self-Portrait」（九三年）は、自室で両親と弟と本人が中空を見据えていたり、漫画を読んで笑っていたりと、「裸体のまま生活」している。そこにはヌードをわいせつと見る視線を断ち切るような、雑然とした日常感がある。

続くシリーズでは、丸刈りの長島があえてカツラを被ってストリッパーのように「演じる」写真と、日常とが交錯する。男性に消費されるヌードを演じた写真は「セルフポートレート」、素の自分は「マイセルフ」と呼び分けたという。彼女のデビュー当時、男性週刊誌に踊った「現役女子大生カメラマンのセルフヌード」などの煽《あお》りに釈然としない感慨を覚えたことを、鮮明に思い出した。

長島は宮沢りえと同い年。ヘアヌードブームの最中、「男性に消費される女性の裸体」に我慢がならなかったという。長島は私より三歳若い団塊ジュニア世代だ。大量生産された女の子たちの気鬱《きうつ》には覚えがある。だが私たちが二〇代の当時、社会はまだ性差によるステレオタイプな色分けを当然視していた。その視線を打ち破るため、女性アーティストたちは果敢に挑戦した。「消費される性」へと、女性たちを矮小《わいしょう》化する視線を超えていくために。表現へのまなざしを変えるのは、表現にしかできないのだから。

しかし米国留学後、空気感が変わる。九七〜二〇〇五年の連作「not six」の、前夫が、恋人から夫、父親へと変わる過程の写真を、記録映画のように眺めつつ、会場を進むと、大量の古着を貼り合わせたテントとタープ（日よけの布）が存在感を放つ。これらの服は神戸在住の女性たちから集めたものだという。

長年葛藤のあった自分の母と、長島の現在のパートナーの母との共同制作。二人とも偶然、かつてお針子になる夢を持っていたことから生まれた作品は、「制作過程のほうが重要」と長島。住む、暮らす、生きる、集う……多様な意味が、文字通り綴《と》じ合わせられている。

最近の作品になるに従って、写真の内包する「速度」が緩やかになるのを感じる。被写体との間合い、交わされる言語外のコミュニケーションの傾斜がなだらかになり、静かな時間が構築されているのを感じる。刹那から、過程へ。ゆるやかに引き延ばされていく、体感時間の表現であろうか。

書誌など

Ⅰ　視る

宜野座菜央見『モダン・ライフと戦争――スクリーンのなかの女性たち』吉川弘文館、二〇一三年
合場敬子『女子プロレスラーの身体とジェンダー――規範的「女らしさ」を超えて』明石書店、二〇一三年
荻野美穂『女のからだ――フェミニズム以後』岩波新書、二〇一四年
筒井康隆『聖痕』新潮社、二〇一三年／新潮文庫、二〇一五年
青柳絵梨子『〈ルポ〉かわいい！――竹久夢二からキティちゃんまで』寿郎社、二〇一四年
デボラ・L・ロード『キレイならいいのか――ビューティ・バイアス』栗原泉訳、亜紀書房、二〇一二年
奥井智之『プライドの社会学――自己をデザインする夢』筑摩選書、二〇一三年
ジグムント・バウマン＋デイヴィッド・ライアン『私たちが、すすんで監視し、監視される、この世界について――リキッド・サーベイランスをめぐる7章』伊藤茂訳、青土社、二〇一三年
クラウディア・ベンティーン『皮膚――文学史・身体イメージ・境界のディスクール』田邊玲子訳、法政大学出版局、二〇一四年

Ⅱ　語る

上野千鶴子『女ぎらい――ニッポンのミソジニー』紀伊國屋書店、二〇一〇年／朝日文庫、二〇一八年
須川亜紀子『少女と魔法――ガールヒーローはいかに受容されたのか』NTT出版、二〇一三年
鈴木涼美『「AV女優」の社会学――なぜ彼女たちは饒舌に自らを語るのか』青土社、二〇一三年
クレア・マリィ『「おネエことば」論』青土社、二〇一三年

瀧波ユカリ＋犬山紙子『女は笑顔で殴りあう――マウンティング女子の実態』筑摩書房、二〇一四年／ちくま文庫、二〇一七年
ジェーン・スー『貴様いつまで女子でいるつもりだ問題』幻冬舎、二〇一四年／幻冬舎文庫、二〇一六年
久米依子『「少女小説」の生成――ジェンダー・ポリティクスの世紀』青弓社、二〇一三年

Ⅲ　働く

伊集院葉子『古代の女性官僚――女官の出世・結婚・引退』吉川弘文館、二〇一四年
石井美樹子『マリー・アントワネット――ファッションで世界を変えた女』河出書房新社、二〇一四年
大理奈穂子＋栗田隆子＋大野左紀子＋水月昭道監修『高学歴女子の貧困――女子は学歴で「幸せ」になれるか？』光文社新書、二〇一四年
鈴木大介『最貧困女子』幻冬舎新書、二〇一四年
NHK「女性の貧困」取材班『女性たちの貧困――〝新たな連鎖〟の衝撃』幻冬舎、二〇一四年
玄田有史『孤立無業（SNEP）』日本経済新聞出版社、二〇一三年
山田昌弘『「家族」難民――生涯未婚率25％社会の衝撃』朝日新聞出版、二〇一四年
平山亮『迫りくる「息子介護」の時代――28人の現場から』光文社新書、二〇一四年
すぎむらなおみ『養護教諭の社会学――学校文化・ジェンダー・同化』名古屋大学出版会、二〇一四年
岡崎京子『オカザキ・ジャーナル』『レアリティーズ』ともに平凡社、二〇一五年
吉田輝美『感情労働としての介護労働――介護サービス従事者の感情コントロール技術と精神的支援の方法』旬報社、二〇一四年
アンガス・ディートン『大脱出――健康、お金、格差の起原』松本裕訳、みすず書房、二〇一四年
桜木紫乃『緋の河』新潮社、二〇一九年

Ⅳ　考える
三浦玲一＋早坂静編著『ジェンダーと「自由」――理論、リベラリズム、クィア』彩流社、二〇一三年
藤原智美『検索バカ』朝日新書、二〇〇八年
丹生谷貴志『三島由紀夫とフーコー〈不在〉の思考』青土社、二〇〇四年
ベルナール・スティグレール『象徴の貧困1　ハイパーインダストリアル時代』ガブリエル・メランベルジェ＋メランベルジェ眞紀訳、新評論、二〇〇六年
中山元『ハンナ・アレント〈世界への愛〉――その思想と生涯』新曜社、二〇一三年
木田元『哲学散歩』文藝春秋、二〇一四年／文春文庫、二〇一七年
ウルリッヒ・ベック『世界内政のニュース』川端健嗣＋ステファン・メルテンス訳、法政大学出版局、二〇一四年
ユルゲン・ハーバーマス『自然主義と宗教の間――哲学論集』庄司信＋日暮雅夫＋池田成一＋福山隆夫訳、法政大学出版局、二〇一四年
小林秀雄　講義／国民文化研究会＋新潮社編『学生との対話』新潮社、二〇一四年／新潮文庫、二〇一七年
ハンナ・アレント『責任と判断』ジェローム・コーン編、中山元訳、筑摩書房、二〇〇七年／ちくま学芸文庫、二〇一六年
グレッグ・イーガン『祈りの海』山岸真編・訳、ハヤカワ文庫、二〇〇〇年

Ⅴ　暮らす
土井隆義『友だち地獄――「空気を読む」世代のサバイバル』ちくま新書、二〇〇八年
スーザン・D・ハロウェイ『少子化時代の「良妻賢母」――変容する現代日本の女性と家族』高橋登＋清水民子＋瓜生淑子訳、新曜社、二〇一四年
畑中三応子『ファッションフード、あります。――はやりの食べ物クロニクル1970-2010』紀伊國屋書店、二〇一三年／ちくま文庫、二〇一八年
津田敏秀『医学的根拠とは何か』岩波新書、二〇一三年

エリザベス・L・クライン『ファストファッション――クローゼットの中の憂鬱』鈴木素子訳、春秋社、二〇一四年

サラ・A・レヴィット『アメリカの家庭と住宅の文化史――家事アドバイザーの誕生』岩野雅子＋永田喬＋エィミー・D・ウィルソン訳、彩流社、二〇一四年

平田俊子『スバらしきバス』幻戯書房、二〇一三年

又吉直樹『東京百景』ヨシモトブックス、二〇一三年／角川文庫、二〇二〇年

原田ひ香『彼女の家計簿』光文社、二〇一四年／光文社文庫、二〇一六年

柴崎友香『春の庭』文藝春秋、二〇一四年／文春文庫、二〇一七年

小池昌代『厩橋』角川書店、二〇一二年

ひらぎみつえ『お？ かお！』ほるぷ出版、二〇一七年

カール＝ヨハン・エリーン『おやすみ、ロジャー――魔法のぐっすり絵本』飛鳥新社、二〇一五年

VI 仕組む

松田茂樹『少子化論――なぜまだ結婚、出産しやすい国にならないのか』勁草書房、二〇一三年

ロバート・D・パットナム編著『流動化する民主主義――先進8カ国におけるソーシャル・キャピタル』猪口孝訳、ミネルヴァ書房、二〇一三年

マイケル・シューマン『スモールマート革命――持続可能な地域経済活性化への挑戦』毛受敏浩監訳、明石書店、二〇一三年

今野晴貴『ブラック企業ビジネス』朝日新書、二〇一三年

フランセスク・ムニョス『俗都市化――ありふれた景観グローバルな場所』竹中克行＋笹野益生訳、昭和堂、二〇一三年

ヴォルフガング・ザックス＋ティルマン・ザンタリウス編『フェアな未来へ――誰もが予想しながら誰も自分に責任があるとは考えない問題に私たちはどう向きあっていくべきか』川村久美子訳、新評論、二〇一三年

ジュリア・カセム『「インクルーシブデザイン」という発想――排除しないプロセスのデザイン』ホートン・秋穂訳、フィルムアート社、二〇一四年
リチャード・フロリダ『新 クリエイティブ資本論――才能(タレント)が経済と都市の主役となる』井口典夫訳、ダイヤモンド社、二〇一四年
橋本治『結婚』集英社、二〇一四年／集英社文庫、二〇一九年
嶽本野ばら『傲慢な婚活』新潮社、二〇一四年
ゲイリー・シュタインガート『スーパー・サッド・トゥルー・ラブ・ストーリー』近藤隆文訳、NHK出版、二〇一三年
瀬尾育生『アンユナイテッド・ネイションズ』思潮社、二〇〇六年
ほう 絵／藤原ひろのぶ 文『買いものは投票なんだ――EARTHおじさんが教えてくれたこと』三五館シンシャ、二〇一八年

Ⅶ 詠う

野村喜和夫『金子光晴を読もう』未來社、二〇〇四年
瀬尾育生『戦争詩論――1910-1945』平凡社、二〇〇六年
伊藤宏見『西田幾多郎 心象の歌』大東出版社、一九九六年
新川和江『記憶する水』思潮社、二〇〇七年
寺山修司著／田中未知編『寺山修司未発表詩集 秋たちぬ』岩波書店、二〇一四年
蜂飼耳『おいしそうな草』岩波書店、二〇一四年
小池昌代『詩についての小さなスケッチ』五柳書院、二〇一四年
森博嗣『スカル・ブレーカ』中央公論新社、二〇一三年／中公文庫、二〇一五年
村上春樹『女のいない男たち』文藝春秋、二〇一四年／文春文庫、二〇一六年
いしいしんじ『悪声』文藝春秋、二〇一五年／文春文庫、二〇一九年

荒俣宏編著『日本まんが(第壱巻・第弐巻・第参巻)』東海大学出版部、二〇一五年
井上荒野『あたしたち、海へ』新潮社、二〇一九年

Ⅷ　生きる

杉山春『ルポ 虐待――大阪二児置き去り死事件』ちくま新書、二〇一三年
吉本隆明『フランシス子へ』講談社、二〇一三年／講談社文庫、二〇一六年
伊藤比呂美『犬心』文藝春秋、二〇一三年／文春文庫、二〇一六年
ニコラス・ローズ『生そのものの政治学――二十一世紀の生物医学、権力、主体性』檜垣立哉監訳、法政大学出版局、二〇一四年
井坂洋子『黒猫のひたい』幻戯書房、二〇一四年
宮部みゆき『荒神』朝日新聞出版、二〇一四年／新潮文庫、二〇一七年
那珂太郎『宙・有　その音』花神社、二〇一四年
石田徹也『石田徹也ノート』求龍堂、二〇一三年
伊藤比呂美『読み解き「般若心経」』朝日新聞出版、二〇一〇年／朝日文庫、二〇一三年

Ⅸ　逍遥う

「アンディ・ウォーホル」展――永遠の15分（森美術館、二〇一四年二月一日～五月六日）
「岡崎京子」展――戦場のガールズ・ライフ（世田谷文学館、二〇一五年一月二四日～三月三一日）
「山口小夜子」展――未来を着る人（東京都現代美術館、二〇一五年四月一一日～六月二八日）
「ここはだれの場所？」展（東京都現代美術館、二〇一五年七月一八日～一〇月一二日）
「ここに棲む」展――地域社会へのまなざし（アーツ前橋、二〇一五年一〇月九日～二〇一六年一月一二日）
「サイモン・フジワラ　ホワイトデー」展（東京オペラシティ アートギャラリー、二〇一六年一月一六日～三月二七日）

「吉増剛造」展——声ノマ　全身詩人、吉増剛造（東京国立近代美術館、二〇一六年六月七日〜八月七日）

さいたまトリエンナーレ２０１６（二〇一六年九月二四日〜一二月一一日）

「デヴィッド・ボウイ」展——DAVID BOWIE is（寺田倉庫G１ビル、二〇一七年一月八日〜四月九日）

「新海誠」展——「ほしのこえ」から「君の名は。」まで（大岡信ことば館、二〇一七年六月三日〜八月二七日、など全国を巡回）

「長島有里枝」展——そしてひとつまみの皮肉と、愛を少々。（東京都写真美術館、二〇一七年九月三〇日〜二〇一七年一一月二六日）

初出一覧

Ｉ　視る

モダン・ライフと戦争（『朝日新聞』二〇一三年四月七日）
女子プロレスラーの身体とジェンダー（『朝日新聞』二〇一三年六月九日）
女のからだ（『朝日新聞』二〇一四年四月二七日）
聖痕（『朝日新聞』二〇一三年七月一四日）
〈ルポ〉かわいい！（『朝日新聞』二〇一五年一月二五日）
キレイならいいのか（『日本経済新聞』二〇一二年三月二五日）
プライドの社会学（『朝日新聞』二〇一三年六月二三日）
私たちが、すすんで監視し、監視される、この世界について（『朝日新聞』二〇一三年八月四日）
皮膚（『朝日新聞』二〇一四年七月一三日）

Ⅱ　語る

女ぎらい（『日本経済新聞』二〇一〇年一一月七日）
少女と魔法（『朝日新聞』二〇一三年七月七日）
「AV女優」の社会学（『朝日新聞』二〇一三年八月二五日）
「おネエことば」論（『朝日新聞』二〇一四年三月二日）
女は笑顔で殴りあう（『朝日新聞』二〇一四年三月二三日）
貴様いつまで女子でいるつもりだ問題（『朝日新聞』二〇一四年九月七日）

「少女小説」の生成（『朝日新聞』二〇一三年八月一一日）

Ⅲ　働く

古代の女性官僚（『朝日新聞』二〇一五年二月二二日）
マリー・アントワネット（『朝日新聞』二〇一四年八月三一日）
高学歴女子の貧困（『朝日新聞』二〇一四年三月三〇日）
最貧困女子（『朝日新聞』二〇一四年一二月二一日）
女性たちの貧困（『朝日新聞』二〇一五年三月一五日）
孤立無業（ＳＮＥＰ）（『朝日新聞』二〇一三年一〇月二〇日）
「家族」難民（『朝日新聞』二〇一四年四月一三日）
迫りくる「息子介護」の時代（『朝日新聞』二〇一四年五月四日）
養護教諭の社会学（『朝日新聞』二〇一四年八月一〇日）
オカザキ・ジャーナル／レアリティーズ（『朝日新聞』二〇一五年三月八日）
感情労働としての介護労働（『朝日新聞』二〇一四年一一月二日）
大脱出（『朝日新聞』二〇一五年一月一一日）
緋の河（『共同通信』二〇一九年八月二二日配信）

Ⅳ　考える

ジェンダーと「自由」（『朝日新聞』二〇一三年五月一二日）
検索バカ（『週刊文春』二〇〇八年一一月六日号）
三島由紀夫とフーコー〈不在〉の思考（『現代詩手帖』二〇〇五年五月号）
象徴の貧困１　ハイパーインダストリアル時代（『日本経済新聞』二〇〇九年五月二七日夕刊）
ハンナ・アレント〈世界への愛〉（『朝日新聞』二〇一三年一二月一五日）

哲学散歩（『朝日新聞』二〇一四年一二月一四日）
世界内政のニュース（『朝日新聞』二〇一四年一一月三〇日）
自然主義と宗教の間（『朝日新聞』二〇一五年一月一八日）
学生との対話（『朝日新聞』二〇一四年五月一八日）
責任と判断（『ｗｅｂちくま』二〇一六年九月二九日）
祈りの海（『日本経済新聞』二〇〇九年五月一三日夕刊）

V　暮らす

友だち地獄（『週刊文春』二〇〇八年五月二二日）
少子化時代の「良妻賢母」（『朝日新聞』二〇一四年一〇月一二日）
ファッションフード、あります。（『朝日新聞』二〇一三年四月二八日）
医学的根拠とは何か（『朝日新聞』二〇一四年一月二六日）
ファストファッション（『朝日新聞』二〇一四年七月二〇日）
アメリカの家庭と住宅の文化史（『朝日新聞』二〇一四年六月一五日）
スバらしきバス（『朝日新聞』二〇一三年九月八日）
東京百景（『朝日新聞』二〇一三年一〇月六日）
彼女の家計簿（『朝日新聞』二〇一四年三月一六日）
春の庭（『朝日新聞』二〇一四年九月一四日）
厩橋（『週刊文春』二〇一二年四月一九日）
お？　かお！（『朝日新聞』二〇一九年四月二七日）
おやすみ、ロジャー（『朝日新聞』二〇一六年四月一〇日）

VI　仕組む

少子化論（『朝日新聞』二〇一三年六月二日）
流動化する民主主義（『朝日新聞』二〇一三年九月一五日）
スモールマート革命（『朝日新聞』二〇一三年一二月一日）
ブラック企業ビジネス（『朝日新聞』二〇一四年一月一二日）
俗都市化（『朝日新聞』二〇一四年三月九日）
フェアな未来へ（『朝日新聞』二〇一四年二月一六日）
「インクルーシブデザイン」という発想（『朝日新聞』二〇一四年八月一七日）
新クリエイティブ資本論（『朝日新聞』二〇一五年三月一日）
結婚（『朝日新聞』二〇一四年一〇月五日）
傲慢な婚活（『朝日新聞』二〇一四年一一月九日）
スーパー・サッド・トゥルー・ラブ・ストーリー（『朝日新聞』二〇一三年一二月八日）
アンユナイテッド・ネイションズ（『現代詩手帖』二〇〇六年九月号）
買いものは投票なんだ（『朝日新聞』二〇一八年一二月二二日）

VII　詠う

金子光晴を読もう（『現代詩手帖』二〇〇四年一〇月号）
戦争詩論（『るしおる』六二号、二〇〇六年一〇月）
西田幾多郎 心象の歌（『日本経済新聞』二〇〇九年五月二〇日夕刊）
記憶する水（『現代詩手帖』二〇〇七年一〇月）
寺山修司未発表詩集 秋たちぬ（『朝日新聞』二〇一五年二月一日）
おいしそうな草（『朝日新聞』二〇一四年六月八日）
詩についての小さなスケッチ（『朝日新聞』二〇一五年二月一五日）

スカル・ブレーカ（『朝日新聞』二〇一三年六月三〇日）
女のいない男たち（『朝日新聞』二〇一四年五月一一日）
悪声（『文藝』二〇一五年秋季号）
日本まんが（第壱巻・第弐巻・第参巻）（『朝日新聞』二〇一五年三月二二日）
あたしたち、海へ（『共同通信』二〇一九年一二月二六日配信）

Ⅷ　生きる

ルポ 虐待（『朝日新聞』二〇一三年一一月三日）
フランシス子へ（『朝日新聞』二〇一三年五月五日）
犬心（『朝日新聞』二〇一三年八月一八日）
生そのものの政治学（『朝日新聞』二〇一五年二月八日）
黒猫のひたい（『朝日新聞』二〇一四年六月二九日）
荒神（『朝日新聞』二〇一四年九月二八日）
宙・有　その音（『朝日新聞』二〇一四年一〇月二六日）
石田徹也ノート（『朝日新聞』二〇一三年一一月一七日）
読み解き「般若心経」（『現代詩手帖』二〇一〇年四月号）

Ⅸ　逍遥う

「アンディ・ウォーホル」展（『共同通信』二〇一四年三月一四日配信）
「岡崎京子」展（『共同通信』二〇一五年二月一三日配信）
「山口小夜子」展（『共同通信』二〇一五年五月一五日配信）
「ここはだれの場所？」展（『共同通信』二〇一五年八月一四日配信）
「ここに棲む」展（『共同通信』二〇一五年一一月一三日配信）

「サイモン・フジワラ　ホワイトデー」展（『共同通信』二〇一六年二月一七日配信）
「吉増剛造」展（『共同通信』二〇一六年六月一五日配信）
さいたまトリエンナーレ２０１６（『共同通信』二〇一六年一〇月一九日配信）
「デヴィッド・ボウイ」展（『共同通信』二〇一七年二月八日配信）
「新海誠」展（『共同通信』二〇一七年六月一四日配信）
「長島有里枝」展（『共同通信』二〇一七年一〇月一一日配信）

あとがき

本書に収められた総計九九点の本や展覧会についての原稿を再読すると、ゼロ年代後半からついこの間までの時代精神のようなものが、「層」となって見えてくる。中心となっているのは、二〇一三年から二年間務めた『朝日新聞』書評委員時代に取り上げた本だが、読み返すたびに熱気溢れる書評委員会の風景を思い出す。

思い返せば、私は同じく書評委員であった三浦しをんさんと読みたい本が被ることが多かった。そして、三浦さんの熱意溢れる目力《めぢから》に負け、たいていはお譲りした。それからいとうせいこうさんとも被ることが多かった。いとうさんはお優しいので、微笑みながらお譲りくださることが多かった。なんだか、これで三浦さんがいとうさんに譲ればじゃんけんみたいな気もする。

他の委員の人が絶対に手を出さない奇書の類《たぐい》をショベルカーでかき集めるように持っていく

荒俣宏さんの勇姿は毎度惚れ惚れするほど豪快だったし、柄谷行人さんや横尾忠則さんのただならぬ視角も、島田雅彦さんや赤坂真理さんの繊細にして切《き》っ先《さき》鋭い解説も、今もよくご一緒にお仕事をする萱野稔人さんや荻上チキさんの明晰な分析も、大変に勉強になった。もちろん、他の委員のみなさまの解説や見解にも、毎回多くの感銘を受ける仕事であった。

月二回二年間、とてつもなく贅沢な討議や本の解説を聴く機会を得られたことは、人生の大きな財産になったと思い、この機会をいただけたことは感謝の念に堪《た》えない。この場を借りて、当時ご担当いただいた朝日新聞社の白石明彦さんにも、ともに書評委員を務められたみなさまにも心から謝辞を送りたい。白石さんには、初稿は漢字の熟語が多すぎて、「水無田さんの原稿は『黒っぽい』ですね、もう少し読みやすく」……などと助言いただいたなあ、と思い出す。本当にお手数をおかけしました。ありがとうございます。

展覧会ものの記事は、共同通信に連載していた「アート逍遥」が初出である。ご担当の森原龍介さんが最初に連載の話を持ちかけられた時、「初回はこれでどうですか？　多分、水無田さんはお好きだろうと思って」とお持ちくださったのは、「岡崎京子」展だった。……即座に、引き受けた。書いていて、とても楽しい連載だった。

やはり印象深いのは、「吉増剛造」展だった。吉増さんご本人がポエトリーリーディングされるというので、最前列に陣取ってわくわくしながらご登場を待っていたら、「水無田気流が目の前じゃ、やりにくいなあ」とおっしゃられながら、素晴らしい朗読をされた。吉増さんすいませんでした、ありがとうございます。

「さいたまトリエンナーレ２０１６」は、取材で訪れた際、アーティストの鈴木桃子さんのインスタレーションが大変に興味深く、思わず「うちのゼミ生も参加させていただいていいですか？」と聞いてみたら、ご快諾いただくことができ、その後フィールド実習として訪れた学生たちにも丁寧に説明いただくなど、多大なお世話になった。本当にありがとうございました。

「長島有里枝」展は、緊張した。何しろ、「同世代女子の星」である。メディア向けのご本人の解説を展示会で拝見し、ああ、本物の動いている長島有里枝（セルフポートレイトの彼女しか見たことがなかったので）を見た……と思い、この熱気をできるだけ早く原稿に写そうと思って帰ろうとしたら、取材に同行してくださった森原さんが、「せっかくだから長島さんに直接お話を聞いたらいかがですか？」と提案し、かなりキョドりながら話しかけたが……丁寧にご対応いただき、恐縮であった。また、ほとんどの取材には森原さんがご同行くださって、本当にお手数をおかけしました。ありがとうございます。

改めて、我ながら書評の仕事が多い部類の書き手だと思う。よくそんなに書けますね、と聞かれることが結構あるので、他人が見てもそんな印象なのだとも思う。

私にとって、本は建物である。中に入りながら、同時に外観を見ながら、書評を書いている。

電波な人間の意味不明な言葉に聞こえると思うので、良識ある読者のみなさまには引かれるであろうとは思うのだが、私の場合、本を立体図形のように読んでいるのだと思う。

初読は、本の種類にもよるのだが、大体一五分から二〇分くらいで頭の中に「写す」。文字を画像情報のようにして、思考を入れずに、強度のあるキーワードは付箋を立てながら写していく。それを、今度は頭の中に「映す」。映しながら、精読していく。こちらは相応に時間をかける。パソコンの設計支援ツールで建築物を三六〇度様々な角度から眺めるように、ぐるぐる回しながら各部分の繋がりを確認しつつ、全体と細部を同時に見ていく。

どうしてだか分からないが、気がついたらこのような変な読み方になっていた。小学生のとき、図書の時間に本を「初読」していたら、先生にそんな乱暴な読み方をしてはいけませんと怒られたので、多分昔からそうだったのだと思う。

初読で写された本の全体図は、意思を持った何かのようにも見えるので、私はこれを人格ならぬ「筆格」と読んでいる。筆格は初読で像が頭の中に結ばれても、すぐに精読に移らなければ消えてしまうので、中断されると最初からやり直しになってしまうこともある。

もっとも、実はこの読み方が通用しない本もある。典型的なのが、「自己啓発本」である。評論を書く必要性があって、最初に自己啓発本を読んだ時には、心底驚いた。筆格が、立体的に立ち上がって見えて来なかったからである。余談になるが、私はこの種の「筆格が見えない本」が、とても恐い。普段社会学者としては、エビデンスのないことは言わないようにしているので、こういうごく主観的な意味世界を語るのは気が引けるのだが……。あえて言えば、ゼロ年代くらいから、ネット・紙媒体を問わず、筆格が見えない文章が増殖してきているように見えて、ときどきとてつもなく恐ろしくなる。

もちろん、文書である以上は読めるし、意味も分かる。だが、筆格の見えない文章は、私の「普通の読み方」ができない……。考えたら、自己啓発本の類は、必ず何かのために役立つことを主眼に書かれている。一方、私はと言えば、役立つこととは無縁な人生である。およそこの世の中の役に立たないものでできている人間のようにも思う。

そういえば、哲学者のマルティン・ハイデガーは、「哲学とは何かのことに役立つという知ではないが、それゆえに全てを支配する知である」というようなことを言っていた。なんだか、詐欺のような台詞《せりふ》だとも思うが、「役立たないこと」というのは、一時代に特化した効率性や適性とは距離をおいた、人間の意味や価値を貯《た》めておく貯水池のようにも思う。

書評を書いているとき、いつも念頭に置いているのは、「その本の魅力を伝える」ということであり、その一点がAにしてZだと思う。とりわけ新刊書評は、長めのキャッチコピーをつけるような思いで書いている。魅力を拾い上げれば、必ずそれを読むことを必要とする人の目に入るだろうと、期待しながら。

最後に、本書を創るにあたってひとかたならぬご尽力をいただいた、青土社の足立朋也さんと永井愛さんに心よりお礼申し上げます。どうもありがとうございました。

二〇二〇年一〇月　三鷹にて

水無田気流

水無田気流（みなした・きりう）
1970年神奈川県生まれ。詩人、社会学者。早稲田大学大学院社会科学研究科博士後期課程単位取得満期退学。現在、國學院大學経済学部教授。詩集『音速平和』（思潮社）で中原中也賞を、『Z境』（思潮社）で晩翠賞をそれぞれ受賞。その他の主な著書に『「居場所」のない男、「時間」がない女』（ちくま文庫）、『シングルマザーの貧困』（光文社新書）、『無頼化した女たち』（亜紀書房）などがある。

背《せ》表《びょう》紙《し》の社《しゃ》会《かい》学《がく》

2020年11月20日　第1刷印刷
2020年11月30日　第1刷発行

著　者　水《み》無《な》田《した》気《き》流《りう》

発行者　清水一人
発行所　青土社
〒101-0051　東京都千代田区神田神保町1-29　市瀬ビル
電話　03-3291-9831（編集部）　03-3294-7829（営業部）
振替　00190-7-192955

印　刷　ディグ
製　本　ディグ

装　幀　六月

ISBN978-4-7917-7324-4　C0036